書くために読む

短篇小説

尾高 修也
Odaka Shuya

1st1

書くために読む

短篇小説

目次

カバー原画　若松光一郎「晶」

書くために読む

短篇小説

9 材料別に

世に小説教室は多く、大学の創作の授業もいまでは珍しくないが、小説作法をみんなで考えようというときには、よく出来た短篇小説をとりあげて、それがどう出来ているか調べてみるのが早道かもしれない。単に早道というだけでなく、ていねいに文章に即して調べることが文学的修練になるので、つまりはそれが小説作法の勉強を不毛にしないための方法にもなるはずである。

小説の書き方を大学で教えるということを早くから考えて、その教育が日本より徹底しているらしいアメリカでも、結局短篇小説を注意深く読む訓練をしながら試作させるということが教育の中心になっているようである。それが成功してというべきか、アメリカでは短篇小説を得意とする作家がたくさん出ている。短篇小説を読んで短篇小説を書くということについて、一応のシステムらしきものが生まれているということかもしれない。よしあしはひとまず別にして、そういうことはたしかに考えられるだろうと思う。

では短篇小説ではなく、長篇小説を読むことはどうか。創作教育に長篇は使えないのか。もちろん、長篇小説の勉強も書くために欠かせないから、長篇の小説世界の豊かさを解明する講義も当然必要であろう。だが、短篇と長篇では、読みを語るときに、語り方が多分に違ってくる。複雑な構造をもった長い小説のばあいは、全体を説明するために、どうしても分析的、批評的に語らざるを得なくなる。一方、短篇小説のばあいは、分析も批評もあるところで止めて、あとはその小世界をそっくり読者の手にゆだねるように語ることができる。それがいいところである。

聞き手にしてみれば、前者のばあいはおもしろい批評を聞く喜びがあるだろうが、批評を楽しむのと小説を書くのとはあくまで別のことである。短篇小説について語るときはあまり批評的にならずにすむので、それだけ小説を書くことにつなげやすい。分析も批評も知識も当面無用にしたうえで、ひたすら作品を隅々まで洗い直すように読んで、その目鼻立ちをくっきりさせ、それをなるべくそのまま手渡すようにする。そのとき、聞き手の創作動機が自然に刺激されるということがあるにちがいない。

もう一ついいところは、短篇小説を語ってジャーナリスティックになる怖れがあまりないということである。いまの社会では文学作品がジャーナリスティックな意味づけからうまく免れて生きるのがむつかしい。特に長篇小説は、批評と馴染みやすいのと同様、ジャーナリズムとも類縁性の大きいジャンルだといえる。「ノヴェル」ということばのあらわすとおり、長篇小説は本来「新しさ」を求めることを宿命づけられているばかりでなく、しばしば論文のように組み立てていくことにもなるので、ジャーナリズムにとって比較的扱いやすい文学ジャンルだといえるであろう。場合によっては、社会に対してものをいう評論や論文と同じ論説的なものとして受けとることさえできるかもしれない。

それに対して短篇小説は、ジャーナリズムが扱いにくいジャンルである。チェーホフ以後の芸術性の高い短篇小説について語ることばをジャーナリズムはもっていない。現代の文芸批評の関心もほんとうの短篇小説には向けられていない。むしろいまの批評は短篇小説を苦手にしているらしいのである。

日本の文壇で短篇小説こそ本道とみなされていた時代があり、その伝統を再生させようとして近年創刊された文芸雑誌もあったが、短篇の専門誌としては成功しなかった。中篇小説中心のふつうの文芸雑誌になるほかなかった。それも如上の理由による。ジャーナリズムや批評と無縁に雑誌経営は成り立たないからである。

見ようによっては、いまなお短篇小説は、なかなかあなどれない位置にいるといえるのではなかろうか。目まぐるしい世の中の中心からはずれてはいるが、まったく孤立しているわけでもない。むこうから特にかまってくれることもない代わりに、こちらからむこうに合わせる必要もない。だから、日々生まれては消えるバブルのような言説と情報の波に洗われずにすんでいる。それが何よりの利点である。

時代によって変わらない確かなものを見きわめることのできる場所がそこにある。短篇小説というものがそんな場所をつくり出していくのだといってもいいくらいである。短篇小説固有の価値に目がひらかれていくと、そんな場所が見えてくるのである。

たくさん読んでみると、短篇小説というものは、古いものも新しいものも、東洋のものも西洋のものも、ふしぎに似たようなおもしろさと魅力とをもっていることがわかる。時代と場所を異にしたさまざまな生活から生まれた短い話によって、何か共通の、ほとんど一定の感銘が得られるようにも思う。それは材料と語り方の人間くささの与える感銘だといってもいいかもしれない。材料は生活上の些事であることが多いし、語り方には生身の作者と彼が体現している文化があらわれている。器が小さいからこそ、人間くささが端的にあらわされるということがあるのにちがいない。放っておけばあいまいに、拡散的になるものが、うまくせき止められてはっきりしてくるわけである。

ただ、そのようなものとして短篇小説が成功するのはなかなか容易ではない。どんなに腕のいい書き手にとっても、たとえてみれば板子《いたご》一枚下は地獄といったむつかしさがある。ほんのちょっとしたことで作品がだいなしになってしまう。細心の注意を払って仕上げたものが死んでいることがある。小さなものを大事に生かすためのぎりぎりの緊張が求められるのである。

だから、いい短篇小説というものは決してそこらにごろごろしているものではないが、極力いいものをとりあげて具体的な短篇小説論をやりたいと思う。日本のもの外国のものを問わずなるべく広く探し出し、なぜそれがいいのかを語りたい。その作品を成功させている技術についても自然に考えることになろう。短篇を材料別に分類して語ることにすれば、自分で書こうとするときの参考になりやすいのではなかろうか。

肉親

親きょうだいのことを語って短篇作家として出発する人がいる。生いたちが人と少し違っていたり、親きょうだいと自分との関係に何か特別なものがあれば、まずそのことを書かずにいられないであろう。また、そういう材料は大がかりな小説に仕組むより、短篇で語るのにふさわしいということもあるにちがいない。そして何より、作者はその材料をだれよりもよく知っているのである。

材料をよく知っているということが、作家の最初の仕事にとって肝心なことである。よく知らないことを無理に小説に仕立てようとしてもうまくいくはずがない。インチキはできない世界なので、だれよりもよく知っていることだから自分が語るのだという気持ちがはっきりあれば、作家として出発しやすい。

ただ、親きょうだいについて語るのは決してやさしくない。人によっては、生涯語れないということにもなるであろう。若い作者にとっては、まだ早すぎてとても語りようがないことかもしれないし、うまく語れないのがむしろふつうだともいえる。だが、若年のうちにそれこそ語るべきだと思える人のばあいは、肉親との関係を語ったものが間違いなく彼の最初の作品になるはずだ。

三浦哲郎は「忍ぶ川」で出発して以来、特に短篇小説に力をそそいできた人だが、初期の「忍ぶ川」「初夜」「恥の譜」などの作品で扱われているのは、東北出身の「私」と東京深川生まれの志乃の恋愛と、「私」にとっての肉親の問題である。というより、むしろ特別な肉親の問題があればこそ成り立つような独特の純愛が扱われているといえるのである。

「私」は末っ子で、上に五人の兄や姉がいたが、一人を除いて皆自殺したり失踪したりし、両親は子どもたちの背信にうちひしがれて老いている。「私」は自分自身も「いつ亡ぼされるかわからない危険な血」「病んだ血」に呪われているというふうに感じる。それは孤独に弱い、破滅に誘われがちな、ある種の東北人らしい弱さのことであろう。あるいは、かつて精神病が遺伝だと思われていた時代の残した「血」の意識なのかもしれない。

「恥の譜」の書き出しはこうなっている。

私は、かつて肉親の死に会うたびに、ぬきがたいひとつの感情に悩まされてきた。羞恥である。私には、死は一種の恥だとしか、思われなかった。私はこれまでに、二人の姉を死によって、二人の兄を生きながらにしてうしなったが、彼等の死、および不幸は、ことごとく羞恥の種であった。

私は、十歳のころ、死ぬことは自殺することだと思っていた。二人の姉が、手本を示した。上の姉は服毒し、つぎの姉は入水した、くわしい事情はしらされなかった。私は町で、ねむり薬の弟、身投げの家の子とよばれて、ただ恥ずかしかった。同年輩の子供がこわくて、裏道ばかりを選ってあるいた。……

この「死にまつわる羞恥感」が宿痾のように「私」にとりつき、それは同時に家の衰運を肌身に感じつづけることでもあって、「私」の青春は肉親の問題から逃れられない。志乃を愛しても、「病んだ血」を怖れて、子どもをつくるまいとする。そんなこだわりが解けるきっかけになったのが父親の死であった。

「初夜」にはそのことがこんなふうに説明されている。

その父の死の尋常平凡さは、肉親の異常になれた私に鮮烈な印象を与えた。それは、私にとってはひとつの救いであった。私は、それまで抱いていた肉親への劣等感が、急にうすらいでゆくのを感じ、目の前がふしぎなあかるさを帯びてくるのを感じた。不謹慎なことだが、私は悲しみよりも歓びに心をくすぐられてならなかった。そして誰彼に、父があたりまえの死に方をしたことを告げてあるきたい誘惑に駆られて、よわった。

死の直後、病院へいって、父のかかりつけの医師に、

「けさ、とうとう死にました。いろいろありがとうございました」

寺へいって、住職に、

「けさ、父が病死しました。お世話になります」

私は、自分でも気がひけるほどあかるい声で挨拶した。


結局「私」は、「きょうだいたちの亡霊ときっぱり訣れた記念として」「生者の側」に立って「新しい血」をつくろう、子どもをつくろう、と決心するようになるのだが、はじめて志乃と知りあって結婚するまでを語った「忍ぶ川」でも、破滅した肉親のまぼろしに反発する心から、あえて正常な純愛をつくりあげていこうとする意志的なものが示されていた。

「私」は子どもをつくるために一夜をえらび、臥《ふ》し所《ど》を清め、あらためて志乃を抱く。「はっきりと生殖の意志をもち、自然のままで迎える初めての夜」だと思う。つまりそれがほんとうの「初夜」である。若い「私」のそのようなひたすらな心がほとんどユーモラスでさえある。

肉親のことでどうしても書かずにいられないものがあるとき、人は作家になるのかもしれない。三浦氏の初期のものを読んでそんな感慨をいだく読者もいるはずだ。実際、こんな具合に語っていける人を作家と呼ばずに何と呼べばいいのか。そう思わせる強いものが氏の出発時の作品を貫いているのはたしかである。

もちろん、若い三浦氏は小説の語りを自分のものにするのに少なからず苦労をしたにちがいない。東北出身の作家は真似る気はなくても自然に太宰治ふうになるのかもしれないが、志乃との恋愛と肉親の問題を語った諸作は、明らかに東北の先輩作家の流儀を踏まえているように見える。だが、やがてもっと自然な三浦哲郎独自の調子ができていく。同じくきょうだいの死や失踪を語りながら志乃が登場しない「幻燈画集」になると、もう太宰治の流儀は目立たなくなる。歌うような調子が消え、沈着な独自の語りが生まれて、少年の目でとらえられた肉親の悲劇と家の没落が、くっきりと浮かびあがる印象鮮明な短篇世界が作り出されている。

まだ幼いころに親を亡くして、天涯孤独の身となった人のばあいも、出発時に書くものがおのずから決まってくるようなところがある。

たとえば川端康成は、小学校へあがる年までに父、母、祖母を次々に亡くしたうえ、以後一緒に暮らした祖父とも十代なかばで死別することになる。その祖父の死の前の日々を綴った「十六歳の日記」や、葬式ばかり多かった少年期をふり返った「葬式の名人」などが彼の最初の作品になった。

「葬式の名人」によると、「私」が年少にして葬式の都度立派にふるまい、その場にふさわしい表情を浮かべることができたのも、「身に負うている寂しさの機を得ての表われ」で、決して佯《いつわ》りではなかった。だから、人から「葬式の名人」とか「葬式屋」とか呼ばれることがあった。「私」は父母の葬式については記憶がなく、「写真を見ると、絵姿でもなし生きた人間でもなしその中間のもの、肉親でもなし他人でもなしその中間のもの、という気がして変な圧迫を感じ、写真と私とが顔を見合っているのがお互い恥ずかしい。人から父母の話をされてもどういう心持で聞いていればいいのかに迷って早く切り上げて欲しいとばかり思う」くらいなのだが、そんなもどかしさから何か絶対的な欠落の感、空虚の感が心のなかに定まっていったらしい。

親を早く亡くした子どもが「身に負うている寂しさ」は、やがて大人になった彼の小説を独特の寂蓼感で染める。あるいは、彼の心にあいた穴がそのまま投影されたような空虚な（そして美的な）世界を描き出すことになる。「葬式の名人」などと呼ばれる身がとらえた世界が、その張りつめた孤独感によっていかに独特なものになるかは想像にかたくない。

川端康成の例ばかりでなく、前回の三浦哲郎と同世代の高井有一も、両親を失った経験を語ることから彼の仕事を始めている。彼は「夏の日の影」で戦時中に結核で倒れた父の死を、また「北の河」で敗戦直後の疎開先の北国で自死した母の死を語って、これまた独特な、孤児の感覚の張りつめた世界をつくり出した。

高井氏のばあいは川端康成と違って、たぶん父の死が十一歳のとき、母の死が十三歳のときで、両親の記憶ははっきり残っている。「夏の日の影」には、ちょうど太平洋戦争がはじまった日、やがて結核で寝こむことになる父が、自宅の普請場ではじめて激しく咳きこんだ様子のこまかい描写がある。


「戦争ですね」

仕事の手を休めぬ儘、棟梁《とうりょう》が言った。

「そうだね」

父は無関心に言い棄てて、半ば張りかけている床の上へあがり、何時ものように内部を見廻した。そういう時父には、右手を腰の辺りに軽く当てる癖があった。その日も父は、同じ姿勢をとったように思う。そして、

「左官屋は何日頃から来るのかな」

と言った。その言い方も常と同じようであった。変った事は直ぐ後に来た。父は不意に床に膝をつくように跼《かが》み込み、短い間耐えていたが、その肩が鋭く動くと激しい乾いた咳が吹き上げて来た。私はそうした咳をそれまで聞いた事がなかった。咳は次々に畳みかけるように父の咽喉を襲い、無理に抑えつけようとする父の頸筋は赤ぐろく怒張した。漸く一時納ったかと思うと、また忽ち咽喉が笛のように鳴って、同じ事が繰返された。普段でも痩せている父の肩は、何かの折にそそり立つ感じに見えたものだが、その時は殊更それが際立って、羽織の下に嶮《けわ》しく動いていた。……

「北の河」は、父亡きあと、東京の家を焼かれ、父の遠縁を頼って東北の町へ疎開した母子の話で、敗戦後最初の冬がくるころ、母は河に身を投げて無残な死をとげる。

母は東京の家を空襲で焼かれたときから、若い未亡人の緊張の糸が切れたように、異常の気配を漂わせはじめていた。疎開先の見ず知らずの人々のあいだで、雪国の冬を前にして、母はいよいよ心を閉ざして奇矯なふるまいを見せるようになっていく。英語ができるので進駐軍が頼んできた有利な通訳の仕事も断わってしまう。東京での昔の生活が取り戻せなければ人生は無意味だ

と思いつめる母と、疎開先で生きる道を考えようという息子とのやりとりがこんなふうに書かれる。

「犬丸の小母さんも、この部屋では冬は越しにくいだろうって言ってたよ。でも、炉を切ったりして手を入れれば、住めなくはないんじゃない。その位、誰かに頼めば直ぐ出来ると思うよ」

言い棄てて立上ろうとした時、母が不意に腕を延ばして私の手首を摑んだ。先刻から話しつつ火にかざされていた筈の母の手は、その日の雨に当ったように冷たかった。視線は低い位置から正確に私に向けられ、若しそれが母ではなかったならば、私は相手は狂ったと信じたに違いない。

「判ってはいないのね。これだけ言ってあげても」

極度に感情を押し殺した泥の底から湧くような声が言った。……

（略）

「そう言ったって、他に仕様はないじゃないか。そんな詰らない事言ったたって」

私は激して叫ぶように言う弾みに、燃え尽きた炭の白い灰を吹き飛ばした。その様を見て母は何故か笑った。化粧を落している顔に襞《ひだ》を刻んで拡がって行くのが判るような笑いであった。

「死ぬのよ。そうすればいいじゃないの」

母にとって、東京へ帰るための唯一の手づるだった祖父（母の実父）が、東京での同居を拒むせられていく。

手紙をよこしていたのだった。母の遺骸が打ちあげられた河の中洲へ、息子は竿で操る小舟に乗

……舟は忽ち洲に着いた。人々は誰も一言も言わず、依然止まぬ糠雨の間をすかすように凝《じっ》と私を見ていた。焚き尽された感じの篝が白煙と僅かの焔をあげていて、その傍に母がいた。

遺骸は、上を覆うものもなく、俯伏せに、投げ出すように置かれていた。黒い服は今水から揚げられたばかりのように濡れて、痩せた母の骨格まで露わにし、両手は頭に沿って垂直に伸びて、水に溺れる人が何かに縋ろうとする形に見えた。穿物《はきもの》はなく、右足は内側に向って奇妙な形に曲っていた。固く捲上げた髪だけは崩れず、項《うなじ》の皮膚は白かった。これが母であった。

（略）

青年の一人が母の両足首を持ち、一人は肩を支え、彼等は小さく懸け声をかけて屍体を仰向けにした。頭の部分が石に当って鋭く鳴った。

露わにされた母の顔は無慚《むざん》に傷ついていた。私は、反射的に眼を背けようとする自らを強いて、それを瞶《みつ》めた。左半面は大きな石で強く圧されたように歪み、その力は更に鼻梁にも加わって、激しく右側へ圧し曲げられていた。肌は、その部分を中心に半ばが痣《あざ》のように変っていた。眼は開かれていたが瞳は見えず、濁った白眼だけであった。（略）雨は母の傷ついた面を洗うように容赦なかった。

東北に初雪が来て、そのあと降りつづいて止まない冷たい雨である。丈余の雪が積もるという北国の冬が迫ってくるとき、冬期は暮らせないような部屋を借りている疎開者がいだく恐怖感が、いまの読み手の心にも惻々と伝わる。それは母ばかりか幼い息子をも追いつめる恐ろしさだったはずだが、息子の「私」は、冬が近づくにつれ母がいよいよ心を閉ざして不可解な存在に変わっていくことの恐ろしさを、同時にひしひしと受けとめているのである。

実際に母を失ったとき、息子の心にはほとんど感情が動かない。が、そのうち深い喪失感が定まっていったはずで、そんな心のとらえる寒々しいような蕭条たる風景や、音のないしんとした眺めが、高井氏の文学世界をつくっていくことになる。

山川方夫「猫の死と」は、「と」ということばが示すように、二匹の飼猫の死を語って、その上に家族の話が巧みに重ねてある。その家族は、湘南地方の海辺の家と東京の家と、二軒に分かれて暮らしている。大学一年生の「私」は祖父と長姉とともに海辺の家にいるが、母親と三人の姉や妹は電機会社の寮に貸している東京の家で寮の世話をしている。

二十五歳の長姉は動物好きで、人間のわずらわしさを極端に嫌い、求婚者から「せめて猫なみに扱ってもらいたい」といわれると、「とんでもない」と答えるほどだが、下に妹が三人もいるので、母親から結婚の決断を迫られている。

母親は戦後の暮らしに追われながら、亡父のことを「ひとり勝手にお死にやして、無責任もいいとこや」と毒づき、飲む酒の量が増えていく。「私」は肺浸潤のため大学を休学し、東京の病院へかよいながら、何もできない自分の無力さに耐えている。長姉の結婚問題では、彼女の悩みを直接聞かされる立場だが、何か手助けができるわけでもない。「……彼は、おそらく彼自身がそうであるように、長姉もまた、彼女の固有の納得の回路のようなものを離れては生きられない一人の人間であるのを、骨と骨とが衝突しあうような印象といっしょに、はじめて意識したりしていた。」「母の感情も、長姉の納得も、どっちもおれの手にはおえない。彼は、人間が個でしかないことの残酷さを、その痛みを、払い捨てることができなかった。」

二匹の猫は、伝染病にかかってひどい姿になり、あいついで死んでいくのだが、まず雄猫太郎の悲惨な死の場面がなまなましく描かれる。長姉は猫が死ぬのを看取って夜を明かし、結納の日が迫っているので、結婚相手の兄夫婦に会うため東京へ出かける。そのあとに祖父が起きてくる。

「……太郎、死によったか」

「死んだ」

「ふん。……ばかもの。自分たちまで体をこわすことはないじゃないか。お前も、徹夜してたんだろ」

「うん」

「早く寝なさい。病人のくせして」

彼は抵抗できなかった。たとえ軽いものにせよ彼が胸をやられたと知ってからは、うつるのがこわいらしく、祖父は彼に近づかない。こんなふうに叱られるのさえ、久しぶりの気がしていた。祖父は彼の前を通りすぎて、腰に手をあてて海のほうを眺めた。振り向かなかった。松林の向うに、海は真青な壁を立てたように輝き、彼の耳にふいに潮騒がなまなましく押し寄せ、低くなった。……単調な、ひどく風通しのいい空間が、彼の前にあった。

戦前の社会から悠々と生き残っている祖父という人の姿が、混乱した戦後の肉親世界に効果的に生かされているが、つづいて雌猫のタマも死んでから、祖父の姿がまたうまくスケッチされて全篇が締めくくられることになる。

今日は枯れたダリアの茎を燃している祖父の姿が、遠い庭の隅にあった。祖父は近づいて来なかった。大きな白いマスクで、祖父は口と鼻を覆っていた。

「お祖父さまが見つけたのよ」

と、長姉は言った。

「なんでも、死ぬときにね、動物は毒気を出すんだって。それでマスクかけて、うんと遠くにはなれてるのよ」

「薄情なやつだ」

彼は笑った。

「でも立派よ。ああいうエゴイストも」

（略）

視野の隅で祖父の焚く煙がゆっくりと高く伸びて、やがて青空に溶けこむように吸われていた。煙は、なかなか尽きなかった。

同じ作者の「海岸公園」は、その十年後、三十歳の「私」が九十歳の祖父を「他人たちの中へ棄てに行」く話である。どうしてもうまくいかない祖父と母の関係を断ち切って、「私」は祖父を彼の妾《めかけ》とその家族のもとへ「片づけに行」くことになる。

母はすでに病身ながら、「スジだの外聞だの、つまり世間体」からあくまで祖父の面倒をみると言い張り、祖父はこわい嫁から逃げて妾のもとへ行きたがっている。

風呂を出て真裸でころげながらそのことをわめきたてる祖父の赤ん坊のような姿は、エゴイズムのかたまりのようである。ほかにまだ未婚の姉と妹がいるが、「私」はそんな家族のひどく膠着した状態から抜け出すことができない。長男としてうまく解決することを求められながらいかんともしがたい。「私は、モチのように粘りつき離れない、不愉快な匂いのする家族というものの重たさ、血の濃さが、たまらない気がしていた。なまぐさく澱んだ血の連環。肉親というもの。だが、といって私はそれらに引っぱられた一箇の標的みたいなものにすぎず、いずれにせよ、それらが私の肉に属し、私の一部分としての重みをもち、そういういやらしい負担であることから、のがれられるはずはないのだ。」

祖父と母が正面からぶつかる修羅場がなまなましく描かれる。そのあげく、「私」が祖父を妾のもとへ送りとどけることになる。「私」は祖父の引越しのための荷物をつくって夜を明かす。

母はともかく家というものを守りたがったが、家はもはや守りようもなく崩れてしまっている。

……私は荷物の置かれている部屋、かつて父の死んだ部屋の、その父の遺骸が置かれていたあたりに寝ころがって天井をながめた。……私は、自分がある結末のなかにいる気がした。家は、もはや緊密な一つのかたまりではないのだ。

崩壊のなかに私はころげていた。家には主権者がなかった。病みおとろえた母の顔を想い、白い風が沁《し》みるように胸が痛く、私はふと父の言葉、ただ一度だけ母について語った父の言葉を想いうかべていた。……

そのあと「私」と祖父は港町の妾のところへ向かうが、二人は「まるで同じ人間の九十歳と三十歳みたいによく似てる」と人に言われることがあった。そんな二人には、道中のタクシーのなかで、「ご機嫌であかるく透明な、同じ笑いにつつまれてしま」うような瞬間がある。女たちのなかの「横暴な」男性としての仲間意識のようなものがある。

だが同時に、九十年も生きてきた「醜怪で強力な」「一個の我執」そのもののような祖父を憎む心もはなはだ強い。「祖父への怒りとも屈辱ともつかぬ激情、はげしい拒否の感情、その憎悪の明瞭さだけが、いまも、このおれのただ一つの力なのだ。」と思う心から、「私」は母の反対を押し切り、祖父を妾のもとへ「棄てる」ことを決断したのであった。

祖父を送りとどけてひとりになった「私」は、「なんの後ろめたさも、心のこりも、苦痛も感傷も、いや、なんの感情もない」と感じる。「私は爽快で、だが、その爽快がへんに不安」である。血のつながった肉親に対する愛憎のアンビヴァレンスは、結局こんなふうに語られることになる。

突然、私は思った。おれは母を、姉妹を憎んでいる。彼女たちに、ほとんど殺意さえかんじている。——そのとき、私は母に、姉妹に、いつか祖父に抱いたのと同じ感情、恐怖とも怒りともつかぬ、拒否の激情以外のものをもたぬ自分がわかった。おそらく、と私は思った。おれは彼女たちを一人一人、力ずくで殺すだろう。祖父のように。祖父はいま、おれが殺したように。「……イチ抜けた、か」祖父の顔を想い、私はすこし笑った。笑いはすぐに死んだ。いやな気持ちだった。

いまに、私は家族たちのすべてを自分から切断してケロリとしていることだろう。かれらへの屈辱に似た感情、赤黒く光る熱いどろどろとしたもの、私は、それが私たちを繋《つな》げている血の環《わ》であり、腐った腸《はらわた》のようなその血の連繋こそ、私の憎しみであり、私の『愛』であるのだ、と思った。だが、それこそがおれに殺人を要請する。

肉親同士の抜きさしならぬ関係を、密着的な眼でなまなましく描くところは、「第三の新人」の安岡章太郎に似ている。が、その語りくちはもっと切迫的で、突きつめたものが感じられる。「肉親嫌悪」の印象が強いが、それは同じ時期の坂上弘のテーマにもなっていて、その青年らしい突きつめ方が共通している。

肉親を語る作品によって評価を得た人は、なお同世代に少なくない。親を早く亡くしたのではなく、逆に百歳までも生きる親を語ったのが色川武大で、「百」という題の短篇がある。

父親は元職業軍人で、息子の「私」は父親の四十代半ばの初子である。弟が一人いて、生家を建て直して二棟にした家に弟が両親と住み、「私」は長く生家から離れて暮らしてきた。父親はあと四年で白寿という歳で、老耄がすすんでいる。だが、「いつまでたっても、死なない。死ぬことを願っているわけではないし、死ななくていっこうにかまわないが、それにしても、死なない。（略）偶然であれ、内容がどうであれ、父親の一生はまだ途上で、今生きている以上、果てなく生きると思うほかはない。」

「私」はもともと、「競争相手の居ない場所で勝手にやろうとする」ような子どもで、以来「私独特の劣等の世界」を守って生きてきたともいえるのだが、元職業軍人の父親は「優等」というわば別系統の人間である。当然葛藤がある。「父親はあくまで攻めこもうとし、私は頑強に劣等を守った。ここがさらに煮つまれば私も死ぬし父親も殺す。父親が早晩死ぬはずの存在だと思いながら、まんざら冗談でもなく殺意も併せ持っていたのはこの点に関してである。」

そんな親子が葛藤を避けて別々に生き、「砂がたまるように」いまの歳になった。父親はすでにかなつんぼ同然で、下半身の機能が衰えたために紙おむつをはずせない。それでも、母親を突き飛ばして怪我をさせるような力を残している。

その騒ぎのあと、母親を病院へ避難させることになるのだが、「私」は夜中に父親の家へ行き、

翌日いっぱい父親の相手をする。「私」が隣りの部屋で勝手に起きていると、父親は噛みつきそ

うな顔で「電燈を消せィ——」「消せ。消せといったら消せィ」といいにくる。その明け方、父

親は昔シベリアで軍艦に犬をたくさん乗せたときのことを話したりする。大小便を禁じられた犬

の群れが、我慢しきれず走り狂いながら小便をちびるさまを思い出して話すのである。父親自身

も絶えず紙おむつを濡らしている。

私はその朝、父親が自分で穿きかえるところを眺めていた。父親のふぐりが白く粉をふいた

ようになって萎びている。

「——寒いんだ」

と父親は私の視線を意識していった。

「冬なんかな。夜中に脱いでしまったあと、どうにもしょうがない。炬燵は消えてるしな。腹

から下は素ッ裸でぼんやりしてるんだ。俺は鍛えられたよ」

私は手伝おうとしたが、手を出すなィ、とはねつけられた。

「——うちの連中は皆、風邪をひいたが、俺だけひかなかった。皆、ひいたのにな。——もっとも、

丈夫だってしょうがないんだ」

私は父親のこういういいかたに心をとめていた。これは本来、私のいいまわしで、以前の父

親は絶対に捨台詞などいわなかった。私は逆に、捨台詞で裏打ちされていない言葉は絶対に吐

かない。

なんにつけ捨台詞を加えなければならなくなった父親を、不用意に攻めこまないようにしたい。

私は言葉をえらんだ。

「九十九の祝いというのがあるんだろう」

「――なに?」

「九十九の祝い」

「――ああ、ある」

「何というんだっけ」

「白寿さ。百という字から、一本取るんだ。すると白という字になる」

「あと、四年、かな」

私は指を四本立てた。

父親は下半身裸のまま、眼を細めた。

そんなふうに、五十をすぎた息子の前に無力に下半身をさらす父親は、いまやばらばらの家族に向けて絶えず軍人口調で命令し、叱咤する父親でもある。「私」が隣りの弟の家で話していると、父親は怖い顔をしてやってきて、「何か、俺に報告すべき重大要件が定まったか。あれば報告しろ」という。「私」がついて父親の家に戻ると、「隣りの夫婦を呼べ」「つべこべいわずに、呼べ」と命じる。弟夫婦が来ると、「熊がな、庭に入ってきている。皆で探せ」といい出す。「私」

と弟夫婦は庭へ出る。「百」という小説はそこで終わっている。

三十年も耳が遠いまま生きてきた父親は、おそらく幻聴とのつきあいが深い。「耄碌とはべつに、長いこと幻聴とだけ会話していたようなふしがある。」そんな老人の孤立のこわばった姿が最後に印象づけられる。じつは「私」も「幻視、幻覚、幻聴」をともなう持病に悩んでいるのだが、父親の幻聴世界をじっと思い測っているような息子の姿も同時に浮かびあがる終わり方である。

同じ作者の短篇連作「生家へ」には、「百」の父親の四十年近く前の姿がある。すでに大正年間に海軍をやめ、以後隠遁者のように生きて、太平洋戦争のあいだも無為をとおした男の敗戦のころの姿である。

連作のうちの「作品５」は、父親が空襲下の東京で家の床下に大きな防空濠をひとりで掘りつづける話である。当時、家の畳をあげた床下に防空濠を掘るのは珍しくなかったが、この父親の掘り方は徹底していて、家中の床下を一間半もの深さに掘りまくり、掘り出した土の山で庭が埋まってしまう。

そんなことをしているうちに近隣一帯焼野原になるが、不思議にもその家の一画だけが焼け残る。空襲の夜が明け、猛火のなかを逃げた「私」が帰ってみると、父親が家鴨小屋をじっと覗きこんでいる。数羽の家鴨が全部窒息死している。床下の防空濠には何事もなかったように蝋燭の火がともっている。

さて、と父親はひと息入れてからいった。掘るかな。

父親は客間の下の穴を出て、一番最初に掘った玄関の三畳に戻っていった。木梯子を伝って穴の底におり、筵をはぎとった。隅の方からスコップをあてた。そうして外の板縁に思いきり泥を抛りだした。さも、今から掘るのが本当の穴なんだ、というふうに。

私も以前に戻って、優しい顔つきでそれを眺めていた。そればかりでなく、父親と一緒に顔の皺まで泥の筋にして掘りまわりたいとも思っていた。しかし、そう思うだけだったろう。私は穴の中でも寄宿人にすぎなかったから。ある日、上の根太板を持ちあげて、母親が顔をのぞかせた。そうして、お前等とは口もききたくないが、これだけは伝えてやるというふうに、ぶっきらぼうに、玉音放送が今あった、といった。母親は下の反応をたしかめるように、しばらく様子をうかがったのち、無条件降伏だよ、と告げた。

戦争が終ったってさ、負けたんだって。耳の遠い父親にきこえるように私も復唱したが、ただそういってみただけだ。

末尾の一節だが、すでに「この世でやれることはほとんど無い」父親の、徒労へのけわしいような没入を見つめる息子の「私」は、動員先の工場で「非国民」扱いされ無期停学中の中学生である。「私」は父親の「屈託」の人生を受け止めようとしている。それは、父親が穴を掘る「いやな音」に「自分自身が馬鹿げたことをしているような」「たまらない」「親近感」を感じるというような受け止め方なのである。

戦中から戦後へかけての時代に、軍人の家庭で育った人が語る肉親の物語は、心情の屈折に独特のものがあって読み手を惹きつける。色川武大より若いが同じ海軍軍人の父親をもった阿部昭のばあいは、敗戦を境にした戦後の一家の「落魄」を強調した語り方になる。開戦のころ、彼の父親は軍艦の指揮官として南洋で戦い、戦後はいわば見捨てられた「無用の人」として生き、癌で死ぬことになる。

代表作「大いなる日」は、その父親の死を語って、帝国海軍消滅後、死の日までつづいた父親の「長い休暇」を、息子があらためて受け止めなおそうとしている。少年期から青年期へかけての日々、息子は時代にとり残された父親と何度も「友情をむすぼうとして、失敗し」たあげく、「いま、僕は、おやじとの友情の機会が永久に去ったことを感じ」るのだが、結局自分は「おやじの大きさにおよばなかった。」と思わずにいられない。おそらく、その思いがはっきりしてはじめて、父親を「いちばん古い友達」と呼ぶことができ、冒頭の「さよならだ。永かったつきあいも、これでさよならだ。」という歌うような一行が可能になったのであろう。

語り手の息子があえて「おやじの大きさ」と呼んだものは何か。「伝統ある帝国海軍において、最も凡庸な軍人の一人であった」と思われる父親は、敗戦後一変した社会で「無用の人」たることに耐え、貧窮のなかでなお「海軍」にこだわりつづけて、いわば「長い孤独な戦争」を生きつづけた。そんな人のみじめな死を看とることは「おやじの『終戦処理』」のようなものだと思いながら、息子の心に浮かぶのが「おやじの大きさ」という一語なのである。それはもちろん、父親に対する和解のことばだったにちがいないし、同時にまた、時代との関係で息子のなかに鬱積していたものを解き放つことばでもあったはずである。

戦後育ちの息子の、時代とのかかわりは、「鵠沼西海岸」で思春期の暗い情感をこめて語られている。追放された「職業軍人」の落魄に加えて、知的障害者の兄という戦後の「もうひとつの不幸」が、弟である語り手の思春期の心を窮屈にしていく。


戦争は終ったが、西海岸のその家にはもうひとつの不幸が居すわりつづけた。

誰にも見られてはならないものを、おやじとおふくろは薄暗い廊下の奥ふかくにかくしている。いつもそんな気がしていた。

その家には、僕の兄がいたのである。

兄が、将官の襟章をむしりとったおやじの上等な軍服をきて、一日じゅう、弱りきった蠅か何かのように、じっと廊下のまんなかに立ちつくしたり、またのろのろと歩き出したりする。

僕はその姿をぼんやり眺めていることがあった。そして、なんとはなしに、おふくろがいつもいう「かわいそうなお兄さん」という言葉の意味を考えたりした。兄は、おふくろが古いトランクの尾錠でこしらえた奇妙なベルトをしていた。

僕とおなじ年頃の連中は、誰もその家に寄りつかなかった。……


「将官の襟章をむしりとったおやじの上等な軍服」を着た兄のいる家。そこへただひとり遊びにきてくれる裕福な家の少女への屈折した恋情。語り手の「僕」は、自分を窮屈に閉じこめているものを払いのけようとして「兄ごろし」を夢想する。そして、その悪夢が、ある日現実になってしまう。兄は知らぬ間に家を出ていき、野垂れ死にをするのである。海辺の町のすみずみまで兄を探して母と弟が歩きまわる雨の晩の場面や、発見された死体を弟が受けとりにいく田舎の警察署の場面が忘れがたい。

語り手の「僕」が、「戦後の二つの不幸」から何とか自由になって得た女性経験が語られるのが「おふくろ」である。こちらは母と子の二人暮らしという設定である。息子がはじめて女を知ったときの、母親と息子の微妙な関係を読ませていく。女子大生との経験を語るのに、まず「おふくろ」とのことを語る書き方でこの作者の世界ができていく。肉親のイメージが作品をふくらませていくのである。だから、大学生男女の交情だけを直接扱えば平凡になりかねないところをうまく免れて、内容的にもはるかに豊かなものになった。

女子大生かおると「僕」は、ひと夏のあいだ、海辺の「僕」の町にアパートを借りて住むことになる。かおるが父親に金を出させたのである。もちろん「僕」の母親には内緒だが、「僕」はかおるが東京から強引に乗りこんできたように思うところもあって、同棲生活に腰が据わらない。母親のことを忘れることができない。ある日、アパートの窓の下を母親が通る。

……その日も下を見おろして、ボンヤリしていた。すると、濃い紺の、花模様のすかしが入った日傘が通った。僕は何の気なしに、その日傘に目をとめた。それは揺れながら、すっすっと、かなりのはやさで通りすぎて行った。

それを見逃がさなかったというのは、やっぱりその日傘に見覚えがあったからだろうか。だが僕は、この年までおふくろの日傘なんか一度だって注意して見たことはないような気がしていた。

僕の目は吸いよせられるようにして、その揺れうごいて行く黒っぽい物体を追っていた。へんてこなワンピースを着た年とった小さな女は、大きな風呂敷包みを大事そうに胸にかかえて、おそろしく早足で遠ざかって行った。そして、人ごみに消えた。

僕はしばらくボンヤリしていた。だが僕の顔つきにはやっぱりどこかおかしいところがあったのだろう。かおるがそばにきて、

「なに見てるの？　誰か通った？」

といいながら、僕の肩ごしに往来をのぞいたようだった。

「いいや、べつに。」

僕はさっきおふくろが消えた人ごみのほうを、おそるおそるもう一度見た。日傘はかげもかたちもなかった。


（略）

僕はただこういいたかっただけだ。――ほうっておいてくれ。これはおれの問題なんだから。お前の知ったことじゃないんだから。かおるがシャム猫のようにすり寄ってくるのを感じながら、僕はおふくろのことを考えていた。おふくろが大事そうにかかえていた大きな風呂敷包みと、なにか一心不乱に、けつまずきそうになって急いで行ったせわしない歩き方のことを。

うかつにも僕は、そっちの方角におふくろがよく行く質屋があることを忘れていた。この辺ならかおるが部屋を借りても安心だと僕が思いこんでいた方角に、人一倍見栄ぼうなおふくろが人目をしのんでかよって行く場所があったのである。おふくろのほうでも、この町のいちばんはずれにある、めったに知った顔に会わないですむ通りをちゃんとえらんでいたのだ。

母親の「蹴つまずくような、追い立てられるような、必死の歩きざま」は、軍人だった父親に朝から晩まで追い立てられる暮らしで身についたものなのだ。息子は窓からこっそりそれを見て、自分の家の戦後の時間を目にする思いで「こわい顔」になっている。「ほうっておいてくれ。これはおれの問題なんだから。」と、「戦後成金」の家の娘であるかおるにいいたい気持ちなのである。

阿部昭は処女作以来肉親を語りつづけた作家だが、彼は肉親を語るための文章を苦労してつくりあげている。微妙な問題にこだわりながら表現を窮屈にしないように、恥ずかしいことでもすっきりと語れるように、そして生活のむさ苦しささえ詩情を生むことがあるように文章を工夫している。工夫のポイントは、ことばの肉感とユーモアであろう。阿部昭のばあい、それがどれだけうまく確保されるかによって、作品の成否も分かれるのである。

外国の短篇にも目を向けてみると、肉親の物語といえるものはやはりたくさん書かれている。小説家が父親や母親について語ろうとするのは、どこの国でもいつの時代でも自然なことであろう。が、その書き方となると、少なからず違いがあることがわかる。

親子間の心情が屈折したものになりがちなのはどこでも同じだと思うが、親に対する子の思いをどう扱い、どう語るかは、結局その社会の文化の問題だといえるにちがいない。日本の作家のものは、羞恥心や劣等感ややりきれなさに執する語り方になりやすいのに対して、欧米の作家は子の側のこだわりをうまく突き放して語ることができるようである。似たようなやりきれなさをいだいてはいても、それをあまり過大に考えるわけにはいかない社会があるということなのかもしれない。

これまでとりあげた作家たちの先輩にあたる安岡章太郎も、父親や母親のことを飽きずに語った人だが、その安岡氏が好んで、わざわざ翻訳までしているアメリカの作家の短篇がある。シャーウッド・アンダーソンの「卵」である。

オハイオ州の田舎町で育った「僕」の回想のかたちで父親のことが語られる。父親はもともと何の野心もない作男だったが、おそく結婚して「僕」が生まれてから、どうやら人並みの野心をもつようになる。もと小学校教師の妻に尻をたたかれるようにして、作男をやめて養鶏業に手を染め、それに失敗すると、鉄道駅の前で食堂をはじめる。

当時、養鶏業というものがいかに厄介なしろものだったかを、作者はまずくわしく語る。それは、「もし現在の僕が人生の暗い面ばかりに眼を向ける陰気な人間になっているのだとしたら、その原因は愉しかるべき幼年時代を養鶏場で送ったせいに違いない」からである。鶏の雛は伝染病にかかりやすく無事に成鶏になるものは少ないので、養鶏という仕事は「信じ難いほど複雑」なものになる。希望のあとには恐るべき幻滅が来るということのくり返しで、人はいわば不条理感とペシミズムに深くとらえられてしまう。作者はまずそう語るのである。

養鶏業のそんな苦労の末に、父親は老いて「しょぼくれた人間」になっていくのだが、彼はたまに生まれる畸形の雛（頭が二つ、脚が四本というような）をアルコール漬けにして保存し、食堂をはじめてからもそれを捨てず、わざわざ店に飾っておく。苦闘の養鶏業十年の形見として、それが「親父の最大の宝物」になるのである。生活にうちひしがれた男の頑固なこだわりようが、なまなましく浮かんでくる。

話の設定部分がそんなふうに語られたあと、展開部に入る。食堂は母親の野心によってはじめられたのだが、やがて父親も「アメリカ魂」にとり憑かれたようになる。ささやかなアメリカン・ドリーム、つまり成功の夢が、ようやくにして彼に芽生えるのである。が、町はずれの駅前の食堂は、主に貨物列車の乗務員相手に終夜営業をするわびしい小店にすぎない。父親は客を増やそうとして、ふだんの仏頂づらをかなぐり捨て、もっと陽気になることに決める。もっとお客を愉しませるために努力しようというわけである。ふつうわれわれが頭に浮かべる、あけっぴろげで陽気なアメリカ人のイメージに、全然陽気でない男が無理に身をあわせようとする話になっている。

そんな無理が何をもたらすかというと、親父の「破滅」ということになる。不器用至極な父親が、新しい客を前に役者のようにふるまおうとし、カウンターの上で卵を立ててみせようとしながら、「卵のことなら、わたしほど知識のある者は誰一人いない」と言い張ったり、アルコール漬けの畸型の鶏の雛を客の目の前に突きつけて、「どうです、あなた、自分にもこいつみたいに、脚が七本あったり、頭が二つあったりしたら、いいだろうなァという気がしませんかね」と言ったりすることになるのである。あげくに、彼は卵を酢でゆでて瓶の口から中へ入れてみせる「手品」をはじめ、結局失敗して錯乱状態になってしまう。

そんな自縄自縛の失敗が、オハイオ州の淋しい田舎町の深夜、たった一人の若い客を前にして演じられるところが、何やら悲劇的でもある。作者は書き出しのところで、養鶏業のことを、「この種の事業をやったことのない人には、ニワトリというものにどんなに数多くの悲劇的事件がつきまとうかということなど、考えられもしないことだろう」と書いているが、そのことばをここで思い出さなければならなくなる。養鶏場というものの「禍《まが》まがしい感じ」につきまとわれる人生といったものがある。現代のブロイラー大量生産の養鶏業とはまったくちがう世界の話である。

その晩両親が眠ってしまってから目をさました「僕」が、錯乱した父親が手に持ったままだった卵がひとつ机の上にのっているのを見ながら思うことが最後に語られる。それは「なぜ卵は存在しているのか、そしてなぜ卵からニワトリが生れ、また卵が生れるのか」ということである。その疑問は「僕」のその後にもつきまとうことになる。「僕」はニワトリや卵に呪われる人生を送った父親の息子だからである。

血のつながりを強調して、「陰気な人間」である「僕」が人生への疑問を語るという体裁ですっきりと仕上げてある。この小説の父親は作者アンダーソン自身の父親ではないのだが、この語り方は作者の実際の親子関係から導き出されたものだという気がする。それがうまくいって、その真実味が強く印象に残る作品である。

シャーウッド・アンダーソンから強い影響を受けたアーネスト・ヘミングウェイも、出発時の作品で肉親を扱っている。アンダーソンはじつは母親のことも親しく語ろうとした人で、息子との絆を信じて骨身を惜しまず働き早逝する母親の姿が、「母親」や「森の中の死」といった別のフィクションのなかに現れる。それに対し、母親と相性の悪かったヘミングウェイが語るのは父親のことである。

ヘミングウェイの父親は医師で、自然が好きなナチュラリストで、子どもたちにまず自然について教えようとする人だった。ヘミングウェイが育ったシカゴ郊外のオークパークは、清教徒的な秩序がきびしい中流住宅地で、生まれ育った家は母親の実家だったが、父親が北ミシガンの奥地に建てた別荘で家族は毎夏をすごした。ヘミングウェイの初期短篇にオークパークはまったく出てこない。一方、北ミシガンの森と湖の世界はくり返し描かれている。清潔で文化的なオークパークは、音楽家の母親に代表されるような土地だったのに対し、原始的な北ミシガンは医師ナチュラリストたる父親の世界であった。

その世界で育まれた少年期を語る文章を苦心してつくり出すことからヘミングウェイの文学は始まる。「インディアン・キャンプ」や「医師とその妻」などに父親の姿がある。インディアン女性の危険な出産のためボートで湖水を渡る父親の話し声が聞こえる。流木をめぐる口論で激昂する父親の心のふるえが伝わってくる。「北ミシガンで」のように、父親も少年も出てこないものでも、鹿狩りから帰った男たちの馬車のわきや彼らの酒宴の席に、父親と少年の姿が加わっていそうな気がしてくる。

ともかく、ヘミングウェイの初期の北ミシガンものは、いわば母親の力の及ばない父親の世界の物語である。父親から実地の自然教育を受ける少年ニックの五官をとおして、いかにも親密なリアリティがつくり出されている。

少年ニックが大人になり、父親になってからの話に「父と子」がある。父親ニックは、幼い息子をのせてドライブしながら、死んだ父親の目を思い出す。異常なほど遠目がきいて、「オオツノヒツジやワシのように見ることができた」目である。ヘミングウェイの父親は拳銃自殺をしている。おそらくニックはその打撃がなお癒えないまま過去をふり返って、自分は二つのことで父に感謝している、と思う。その二つとは釣りと狩猟である。「父は、たとえばセックスに関してはあてにならなかったが、その二つのことに関しては信頼が置けた。ニックには、それが有難かった。なぜなら、人には、最初の銃を与えてくれるか、あるいは、銃を入手し、且《か》つ使う機会を与えてくれるような先達が必要だからだ。」

そのあと、「父があまりあてにならなかった事柄」であるセックスの話になる。ニック自身の少年期の性の経験が語られるのである。「インディアンの村の背後のベイツガの森で」の、インディアンの少女との遊びのようなセックスである。

おそらくそれは、性的には無知で不器用な父親を少年が自然に乗り越えていこうとする経験だったのにちがいない。その経験が長めに語られたあと、また父親の思い出に戻る。

……父の思い出が甦ってくるのは、秋か早春だった。草原に小シギがいるとき、あるいは円錐形に組んだトウモロコシが見えるとき、あるいは湖が見えるときか一頭立ての四輪馬車が見えるとき、ガンを目にするか、その啼く声を聞いたとき、あるいはカモ撃ちの隠れ場にひそんでいるとき。そうしてひそんでいるときに、一羽のワシが、舞い落ちる雪を衝《つ》いて急降下し、キャンヴァスで覆われたデコイを襲ったのを思いだした。そのワシは鋭い肢の爪をキャンヴァスにひっかけてしまって、翼をバタバタさせていたものだった。父は再びニックと一緒にいた、荒れ果てた果樹園に、鋤《す》き起こされたばかりの畑に、繁みの中に、そして小高い丘の上に。あるいは枯れ草のあいだを通り抜けるとき、薪を割ったり、水を汲んだりするとき、製粉所やリンゴ酒製造所やダムのそばに、そしていつも、焚き火のそばに父はいた。(略)

……ニックは父が好きだったが、彼の臭いは嫌いだった。あるとき、父には小さすぎて合わなくなった下着の上下を着せられて、気持が悪くなってしまい、それを脱ぎ捨てて、河原の二つの石の下に埋めてしまったことがあった。そして、なくしてしまった、と嘘をついたのだった。父にそれを着せられたとき、どんな感じか伝えたのだが、いや、これは洗ったばかりなんだぞ、と父は言った。それはたしかに洗ったばかりだった。臭いをかいでみてよ、とニックが言うと、父は憤然とした面持《おももち》でくんくんと嗅ぎ、こんなにまっさらできれいじゃないか、と言った。ニックがそれを着ずに釣りから帰ってきて、なくしてしまった、と言ったときは、嘘をついた罰に鞭でぶたれたのである。

あとで彼は戸を開け放したまま薪小屋の中にすわり、銃弾をこめたショットガンの撃鉄を起こすと、ポーチにすわって新聞を読んでいる父親のほうを眺めた。そして思った、〝あいつを地獄に吹っ飛ばしてやれるんだ。いまなら、殺してやれる〟。そのうち怒りがしだいにおさまってゆき、その銃が父からもらったものであることを思いだすと、すこし吐き気を覚えた。それから臭いを払い落すために、暗闇の中を、インディアンの村まで歩いていったのだった。……

（高見浩訳）

長く引用したが、この作品の語りのボルテージが最も高まっている部分である。そのあと、父親ニックは助手席の息子の声に驚いて我に返る。「しばらくのあいだ、自分ひとりのつもりでいたのだが、そこには息子がずっと一緒にいたのだ。いつから目を覚ましていたのだろう」。思い出のなかの子どもから二十年を飛び越えて現実の父親に戻ったニックは、幼い息子となおも会話をつづけながら、「（インディアンの娘は）ほかのだれよりも上手にできることをしてくれたのだ、というようなことを、息子に話せるだろうか」と思うのである。

なお、「十人のインディアン」という作品にも恋人としてのインディアンの少女が出てくる。同じ相手らしいが、こちらは性の遊びというより、もう少し本気の、心理的葛藤をともなう関係のように見える。そのことを知ってどうやら息子に試練を与えようとするらしい父親の姿がある。父親はインディアンの娘が別の男と遊んでいることを息子に告げ、息子が泣くのを黙って見ているのである。

現代アメリカで短篇作家としてのヘミングウェイにつながるのが、レイモンド・カーヴァーをはじめとするいわゆるミニマリストたちであろうが、そのなかから肉親を扱った女性作家の作品を見たい。ジョイ・ウィリアムズの「エスケープ」は、いかにもアメリカらしい崩壊家庭の母と娘の物語である。

娘の「わたし」が幼いころ父親は家を出ていき、母ひとり子ひとりで始終向きあって暮らすことになる。母の手には常に酒のグラスが握られている。幼い「わたし」も母を真似てジンジャーエールをすすり、「すでにそうした仕草をすっかり模倣することができた。母の向かい側、じっと座って静かに母を真似ていた。」（川澄英男訳）

そんな二人が話題にするのが、あるマジシャンのことである。彼は「縄抜け」の名人で、かつて母親は彼のショーを見たことがあった。彼はどんな拘束からもみごとに脱出できる「エスケープ・アーチスト」だったと母は語る。キッチン・ドリンカーの母親のそのことばはいかにもわびしく響く。題の「エスケープ」はそこから来ている。

ある日母娘は、別のマジシャンのショーをポートランドまで見にいくことになる。冬なのにオンボロのオープンカーで出かけるのだが、車の床にあいた穴からは地面が見え、冷たい風が吹きあげてくる。母親は酒を満たしたグラスをコンソールボックスに置いている。

新しいマジシャンのショーはつまらなかった。とても較べものにならないと母はいった。休憩時間になると、母親は幼い娘を置き去りにして車のところへ飛んでいく。こっそり酒を飲むためである。娘はそれを知りながらロビーの隅でじっと待ちつづける。再びショーがはじまっても母親が戻らないので、娘は仕方なくひとりで席に着く。

するとゝ酔った母親がとつぜん舞台の上に姿を現わす。そして、のこぎりで体をまっ二つに切る手品を自分にやってほしいと、しつこくマジシャンに頼む。母親は「死んでまた生き返る」ことを求めて舞台の上で泣くのである。

結局、客席案内係の男に席へ連れ戻されるのだが、その小柄な男は年老いた少年のようで、劇場に着いたときから母親に好意を示す様子があった。直感的に同類と認めたからかもしれない。男は劇場から出た母娘をコーヒーショップへ連れていく。そして、自分にも自殺未遂の経験があるが、立ち直らなければいけないとさとす。男は肩のところにボール紙の入った、金のモールのついた案内人のジャケットを着ているのである。

男が帰っていくと、母親はコーヒーショップで寝入ってしまう。幼い「わたし」はなぜかその男が嫌いだったが、母親がぐっすり眠るのを見ながら、男が買ってくれた味気のないドーナツを、手袋をしたままの手で食べはじめる。窓の外を子どもがそりを引いて通っていく。……

この話は、大人になった「わたし」が回想的に語るかたちになっている。あのころ母親は、いつも自分の「心の片隅」へ逃げこもうとしていた。それはどこか遠い「別世界」で、母親はふとそこから戻ると決まって人に時間を聞き、「時刻を知るたびにいつでも驚いた。」

そんな母親は、その後いよいよ「破局」をむかえることになったらしい。「残念ながら、母はついに立ち直ることはなかった」。そう語る「わたし」のほうも、成人すると母親に似た状態になり、そこから脱け出すのに何年もかかったという。何とか立ち直った語り手の語る物語だということが、最後にわかる終わり方になっている。

この小説には父親のことも少し出てくる。あるとき、山間のリゾートで、「わたし」は奇妙な体験をする。人がたくさんいるところで、父親がわざと身障者の真似をして「片足を妙な角度に開いた」歩き方で杖をついてやってくるのを見るのである。父親は幼い「わたし」に気づくとすぐに目をそらしてしまう。これはこの作品のなかで唯一わかりにくいエピソードなのだが、母親と違って父親は酒を飲まなかったようなのに「あながちそうではなかったのかもしれない」という説明がつけ加えてある。父親もまた不安定な、子どもっぽく「退行」したがる人だったのだとすれば、崩壊家庭の話としていよいよ完璧ということになり、その後娘の成長がむつかしいものになったこともうなずけるわけである。

これはアメリカではむしろふつうの、何ともいえずわびしい話にはちがいない。が、小説としては、そのわびしさを独特の詩情で包んだものになっている。アメリカの現実から一種のペーソスをひき出す語り方が工夫されている。

細部のひとつひとつを念入りに選び、ことばを少なめに使ってわざと隙間を生かすように書くのが、一般にミニマリストの小説作法であろうが、それは旧来の日本の小説の書き方とつながってくるところがある。昔の私小説は、わびしい極貧の暮らしから詩とペーソスをひき出そうとした。いまのアメリカのミニマリストが多くとりあげるのも、大国の片隅の荒涼たる貧しい暮らしであり、退屈なわびしい日常である。そこから現代的な詩情を何とか生み出そうとする細心な仕事が見られるのである。

北米から南米へ目を移すと、独特の幻想性を帯びた短篇小説があり、ヨーロッパの文学と関係の深い前衛的な作風のものが紹介されることが多いが、その手のものにもしばしば肉親の関係が扱われている。

アルゼンチンの作家フリオ・コルタサルの「占拠された屋敷」は、曾祖父母以来の古い屋敷で「もの静かで気取らない結婚生活のような暮しをしてい」る四十代の兄と妹の物語である。二人がどちらも結婚できないのは「あの屋敷のせいだろうかと考えることがあった」。広い屋敷には両親までの三代の記憶と、兄妹の幼いころの思い出が秘められているのである。

二人の暮らしは農場から入る金に支えられていて、兄はフランス文学を読み、妹は編物をしつづけるという毎日である。そんな二人がいつか死ねば、家系も途絶えて、相続した従兄弟たちが屋敷をとり壊してしまうにちがいない。

日ごろ二人は、広大な屋敷の玄関のある前翼部分で暮らし、頑丈な樫材のドアで仕切られた奥の後翼部分を毎日きれいに掃除している。「ドアが開いていると、広い屋敷だということが分かるのだが、閉まっていると、最近あちこちに建てられているひどく手狭なアパートのような感じがする」。その狭い前翼部分の間取りがくわしく説明され、中央のリビング・ルームをはさんだ二つの寝室に兄妹が寝ていることがわかる。妹は寝室で編物をし、兄はマテ茶を沸かしてそちらへ持っていったりする。この間取りの説明のところで、何か読みとれることはないか、読み手は少なからず神経をはたらかせることになる。兄妹の「結婚生活のような暮し」という説明が引っかかってくるからである。

ある日、半開きになった樫材のドアの向こうのほうで、何か奇妙な物音がするのを兄が聞きとる。絨緞の上で椅子を倒したような音、あるいはくぐもった話し声のような鈍い聞きとりにくい音、と説明されるが、それが実際に何の音かはわからない。それでも、兄は即座に反応して、全体重をかけ一気にドアを閉めてしまう。すぐ鍵をかけ、念のためかんぬきも下ろす。そして妹に、「奥のほうは占拠された」とひとこと告げる。妹は、疲れきり思い詰めたような目で兄を見て、「だったら、こちら側で暮すしかないわね」という。

黙ってさだめを受け入れようとするかのような二人の態度から、兄と妹のあいだの背徳的な関係を思い描くことができそうである。事実、二人は毎夜悪夢に悩まされ、兄は夢を見て暴れ、妹は大きな声で寝言をいうのである。妹の声は「喉からではなく夢の世界から届いてくるような、彫像あるいはオウムを思わせ」る声で、兄にとっても不気味で馴染めない。

そのうち、侵入者のたてる鈍い音は、ドアの境を越えて、こちら側の台所やバスルームのあたりで聞こえるようになる。音はだんだん大きくなる。二人は玄関へ逃げ、そこの内扉を一気に閉める。兄の側から一人称で語られるこの作品の末尾はこうなっている。妹はイレーネである。

> 「こちら側も占拠されてしまったのね」とイレーネが言った。編みかけの毛糸が彼女の手からぶら下がっていた。糸の先が内扉のところまで伸び、その下に消えていた。糸玉が向こう側に

あることに気づいて、彼女はそれを見ようともせず投げ捨てた。

（略）

ぼくたちは着の身着のままの姿だった。寝室の洋服だんすに一万五千ペソ入っているのを思い出したが、もう手遅れだった。腕時計をしていたので、見ると夜の十一時を指していた。イレーネの腰に手を回し（彼女は泣いていたように思う）、外に出た。家を出て行く時は胸が痛んだ。玄関のドアに鍵をかけた。だれかが妙な考えを起こして、こんな時間に占拠された家に盗みに入ったりしてはいけないと思って、鍵は溝に捨てた。

（木村榮一訳）

悪夢のなかの恐ろしい音に追われるように追放される兄妹は、必ずしも背徳的な関係でなくてもいいかもしれない。とつぜんの革命によって追放されるのでもいいし、あるいはまた、四十代の二人が世間から切れて暮らす孤立そのものが、自らを追い詰めたのだと見てもいいかもしれない。他人にとっては、二人が死ぬときが来たのと同じで、さっそく屋敷をとり壊そうということなのかもしれない。いずれにせよ、屋敷に響く不気味な恐ろしい音が、何か身に覚えがあるように、二人に迫ってくるのである。

ペルーにA・ブライス＝エチェニケという作家がいて（一九三九年生まれ）、「パラカスでジミーと」という短篇小説が翻訳されているが、こちらは幻想的な作風ではない。マノーロという少年が語る平凡な父親の話である。

父親は冴えないサラリーマンで、出張のときたまにマノーロ少年（「ぼく」）がついていくことがある。ペルーでは仕事の出張も妻同伴で、会社が二人分の金を出すようだが、妻（母親）が行けないとき、幼い息子が代わりについていくのである。息子は、日本の子供なら喜びそうもないところを、大喜びで父親のおんボロ・ポンティアックに乗っていく。

その日は、リマから遠くない避暑地パラカスの高級ホテルに泊まることになったが、当てがわれた部屋は「バンガロー」だった。「ぼく」は英国系の学校へ行っているので「バンガロー」の意味がわかるが、英語を知らない父親はわからない。

この小説ではペルーの階級社会がはっきり描かれている。善良で小心で生真面目な父親が、無遅刻無欠勤で働きつづけている会社の「上役」たちは階級がちがう。つまり大農場主などの上流階級なので、働き者の父親は一応大事にされても、その妻子が対等に扱われることはない。たまたま仕事で泊まることになった高級ホテルも、当然上流階級の世界で、ホテルの従業員さえ父親より立派に見える。

その世界であたふたする父親を、少年マノーロはこまかく観察しているのだが、簡単に失望したり、屈折したりすることがない。基本的に父親と一緒にいるのが好きだし、おとなしい利口なタイプで、落着いた観察力の持主である。親子とも居心地が悪いはずのホテルの食堂で昼食をとりながら、「ぼく」はふと幸せを感じさえする。

語り手の少年をそんなふうに設定して、子どもの現実感覚をとおしてペルーの階級社会を見せてくれる書き方になっている。この少年にとっても、もちろん父親は恥ずかしい。特に、少年の級友ジミーが現れてからの父親のあたふたぶりは、ジミーが富豪の重役の息子なので度を越して恥ずかしいものになる。そこで少年が恥にまみれて屈折していけば日本の小説のようになるであろうが、この小説はそうならない。少年はけなげにも、自分ひとりの恥ずかしさにかまけようとはしないのである。

そこで話は、十三歳にしてすでに道楽の限りをつくしている美少年ジミーに「ぼく」が連れまわされ、思いがけず恐ろしい目にあう、というところまで運ばれる。級友ジミーが最初にホテルに現れたとき、ジミーは何か危険なものになりそうであった。夜が来てジミーとマノーロが二人きりになると、それは現実になる。マノーロは男色の経験を強いられることになるのである。

上流階級の退廃とは無縁な、まじめな上昇志向をもつ父親が、無理をして息子を英国系の学校へ入れたために、階級のちがうマノーロとジミーは級友になったのであった。この小説はマノーロが大人になってから過去をふり返るかたちで語られているが、彼は結局教育熱心な父親のおかげで、幾分か社会的な上昇をとげたのではないかと思われる。

「見える。今、目の前にいるみたいに。」というのが書き出しの文章である。ホテルの食堂で父親と少年が昼食をとっている姿が、「食堂の戸口から眺めているよう」に見える気がする、というのである。昔その戸口から、「恐ろしい」ジミーが顔を覗かせたのだったが、現在の語り手は昔のジミーと同じような位置から、過去の父親と自分自身を見ていることになる。（野谷文昭訳）

夫婦

小説に夫婦の関係が扱われるのは当然のようでも、昔は必ずしもそうではなかった。男の作家のばあい、夫の側から妻をしっかりとらえて書いたものは、明治、大正をつうじて意外に少ない。西洋の小説を見習って夫と妻の争闘、葛藤の関係を心理主義的に追おうとした夏目漱石（「道草」「明暗」）や、四十男が二十二、三の若妻を得てその我儘に手を焼く話を書いた森鷗外（「半日」）など、夫婦の問題を正面から語った人はむしろ例外かもしれない。

個人主義の考えがひろまった大正期には、より尖鋭化した個人の問題がさまざまに語られるようになるが、「家」の制度から脱した個人と個人の夫婦関係を書くのは決して容易なことではなかった。たとえば谷崎潤一郎は、妻の存在に手こずった夫が妻を殺す話をいくつも書いて失敗しているし（「呪われた戯曲」など）、豊島与志雄は、熱烈な「自由恋愛」による結婚のあと、子育てがはじまると妻が「理想」からほど遠くなることをめんめんと嘆く奇妙な小説（「理想の女」）

を書いたりした。前者は夫と妻の肉体的ぶつかりあいを描き、後者は夫婦の神経戦がやや異常なところまでいくさまを描いている。

どちらも、一対一の夫婦関係というものを、夫の側から手さぐりしながら、結局破滅的になっていくのである。西洋化する社会の、かつてなかった新しい関係のなかで、どうしようもなく未成熟な「個人」が露呈されてくる。

だが、以上にあげた諸家の作品は、すべて中篇以上の長さのもので、短篇小説といえるものではない。

少し時代はくだるが、尾崎一雄「暢気眼鏡」は、三、四十枚の典型的な短篇小説で、貧乏な新婚夫婦の話である。この小説では、もはや、個人として未成熟な夫が破滅的になるということはない。「私」という夫は、自ら選んだ二人だけの貧乏暮らしのなかに、しっかり腰を据えている。すでに個人性のなかに立派に居直っているともいえる。

長男である「私」は、父親亡きあと、母親や弟妹の面倒をみなければならない立場にあるが、遺産を使いはたして、郷里の家を勝手に捨てたかたちになっている。「私」は当時の家族制度からさまざまな事情によって切り離され、無一物のまま東京で個人の足場を固めなければならない。

この「私」のばあい、足場は文学の仕事によって固められるはずなのだが、三十過ぎてもまだ仕事の目鼻がついていない。「私と云う存在のあらゆる欲望はその（文学の仕事という）一点に凝結している。『怒った石』のような私と云うものは、自身でさえ一種のあさましさを感ずるほどだ」。そんな「私」が、東京へ出てきたばかりの十九歳の芳枝と知りあい、大学町の下宿の六疊でともに暮らすことになる。

十九まで氣楽に育ち、漫然上京すると、いきなり私のような者にかかり逢う——芳枝にとっては何と云う悪い偶然だったろう。「どんな辛いことだって、面白いと思えば思えるからね。大したことはないよ。何でも来いだ」私自身は決して強がりを云っているのではない。父の死、上の妹の死、私自身の重病、大震災、銀行の破綻。二十六までの四年間に打続いた災禍から、私の感性は鈍っているのだ。私はあまり恐いものがなくなった。ただ面倒な事が一倍嫌いになっただけだ。それ故、何事も「ままよ」と直ぐ最悪の場合を予想し「いつでも來い」と身構えもせず寝そべっている。前書いた郷里の家との反目も、前の妻との絶縁も、その気持から、事の重さに比し割に手軽にやってのけた。そう云う私だが、ひどい生活に不平も云わず、私だけをたよりにしている芳枝を思うと、流石《さすが》に気が滅入るのだった。つべこべ云う相手には、正面から何でも云ってしまえる。「私はこれから人非人になる」母にそう云った。が、無力な、柔順な相手には、それが出來ないのだ。

「私」は、生活面では非力ながら、ひとまわり以上も年下の無邪気な若妻をしっかり受けとめてやろうとする。たわいのない奴だ、おかしな奴だ、と思いながら、「私」は妻芳枝の天真爛漫さにしばしば感に堪えぬ思いをいだく。芳枝が歯の金冠を自分で抜きとってドラ焼きを買おうとい い出す冒頭の場面をはじめとして、芳枝の「暢気ぶり」が生き生きとしたエピソードによって示される。

だが「私」は、芳枝の暢気さに救われながらも、「この暢気さが何時まで続くか、ゴム糸が延び切ったらそれでおしまいだ。そうならぬうちにと、平気な顔の奥で焦り続けている」。文学の仕事に活路を見出すために、ひどい暮らしのなかで時間と競争しなければならない。「眼が開いたら――芳枝のかけた強度の『暢気眼鏡』もいずれ壊れずにはいない、その時を如何に収拾すべきか――。」めくら蛇に怖じずならば、めくらの目があいたときに見える気味の悪い蛇は、すでに中年の文学青年である「私」だということになる。

芳枝はやがて妊娠し、次第にその暢気さが影をひそめて「沈鬱な女」になっていく。そうなってからの神経過敏な芳枝のことは、ひとつ前の作品「猫」でくわしく語られている。「暢気眼鏡」の末尾は次のように締めくくられる。眼鏡をかけていたのは芳枝ではなく、じつは「私」だったかもしれないというのである。

……「こんな奴をいじめて――あアあ」と私は腹でうなった。「こんなことをして小説書いたとて、それが一体何だ」そう思うと、反射的に「いや、俺はそうでなければいけないんだ」と突き上げるものがある。「暢気眼鏡」などと云うもの、かけていたのは芳枝でなくて、私自身だったかも知れない。確かにそう思える。しかもこいつは一生壊れそうでないのは始末が悪い。そこまで来て私はうすら笑いを浮べた。

戦後の小説では、まず庄野潤三の初期の短篇群が思い浮かぶ。敗戦後の暮らしがひとまず定まったころの夫婦の物語を書くことから庄野文学は始まっている。「俸給生活者」の若い夫婦の話で、昔のことばでいえば「小市民的」な暮らしが描かれるところが戦前の多くの小説とは違っている。

「愛撫」にはじまり「舞踏」「メリイ・ゴオ・ラウンド」「スラヴの子守唄」「噴水」とつづく作品群で、その後の「プールサイド小景」や「静物」へつながっていく。

結婚生活というものに戸惑い、幻滅を感じる妻の側から語られる「愛撫」は、短篇としては長くて八十枚くらいあるが、妻の過去のささやかな性的経験（といっても、女学校時代のいわゆる「エス」の関係や、結婚後ヴァイオリンの先生にレッスンのたびに手を愛撫されたことなど）に夫がこだわって、根掘り葉掘り妻から聞き出そうとすることに話が絞ってある。

「別人のように生き生きして」質問攻めにする夫の執拗さに妻はあきれ、興醒めしながらも半面うれしく、（あああ、あたしは何てつまらない《妻》になったんだろう、こう云う風にして、あたしは人生を送ってゆくのだなあ）と思う。お互いにつまらぬことにこだわりながら、「面白くもおかしくもない」「現実の人生というもの」を生きる夫婦の生活を認めなければならない。

妻ひろこは、戦前から戦中にかけて豊かにのびやかに育ちながら、敗戦後の貧しい時代の結婚によって、つまり彼女の「環境の急激な変化によって」自分を見失ってしまった、というふうに書かれる。

……あたしは夫を知ったことによって、自分を見失った。女学生の頃、あたしの身体に満ち溢れていた勇気も憧憬も自信も、なにもかもがあたしから無くなってしまったのだ。あたしの、あたしだけがその中でオールマイティであった世界は、あの人によって崩壊してしまった。あたしは心細さに震えながら、ただあの人の胸にすがるより外なかった。どうして、こんなになったのか、あたしは今でも不思議に思う。あの人のどこにあたしを根本的に変えてしまう力が潜んでいたのか、あたしには分らない。気がついた時には、あたしはそんな情ない状態になっていた。……

「愛撫」につづく諸作に登場する妻も、「愛撫」のひろこと大体おなじような「少女らしさの消えない」人物である。「彼女の最大の欠陥は、感受性が鋭敏すぎると云う一事である。それが彼女自身をも夫をも苦しめて来た。」(「スラヴの子守唄」)「夫に云わせると、妻のなつめはいつまで経っても感覚でばかり人生の上を飛び歩こうとしているので、危なっかしくて見ていられない。」「彼女にとっては、人生はこんな単調極まるものである筈はないのだ。決して、こんな風な日常茶飯の繰返しであってはならないのだ。生きると云うことは、もっと何か別のものである筈なのである。」(「メリイ・ゴオ・ラウンド」)

そんな妻は、子どもができてから、「三級ウイスキイ」を多量に飲んで倒れたり(「舞踏」)、睡眠薬を飲んで「自ら生命を断とうと」する。(「メリイ・ゴオ・ラウンド」「噴水」)それは何不自由なく育った夢見がちな女性の、人生最初の挫折であった。

ところで、夫のほうは、役所勤めなどのふつうの「俸給生活者」ではあるが、勤めから帰ると書斎にこもり、童話を書いて生活費の足しにしたり、あるいは作家になろうとして習作にはげんだりしている。だから妻とゆっくり向きあう余裕がない。しかも彼は、職場で知りあった十九歳の少女に執心していて、その恋愛につまづき、「魂の抜けた人のように」(「スラヴの子守唄」)なっている。妻は夫の恋愛に気づいている。

これらの作品は、夫の側からと妻の側からと、二つの視点で語られているものが多い。それが次第に一つの視点へと定まっていく。特に夫の側から一つの視点で語っても、十分ふくらみのあるものにできるという自信がついたからであろう。それ以前の二つの視点による作品は、作者自身の新婚生活をどう語るべきか考えた末に、客観化のためにそうせざるを得ないということだったのにちがいない。適切な語り方によって何とか客観化したいという思いが切実に伝わる。

「舞踏」の末尾は、七月十四日の「巴里祭」の日に、夫婦が畳の上でワルツを踊る場面である。退屈で、不安な、ままごとめいた新婚生活で、夫婦が好きでもない将棋を無理に勢いこんで戦わせたりするように、二人はその日たまたま家でダンスをした。西洋好きな妻が「巴里祭」の飾りつけをし、役所から帰った夫がパンツ一枚になってビールを飲んだあと、そのままの裸で妻と踊りはじめる。が、暑くなってすぐにやめてしまう。こんな終わり方になっている。

「もう止めるの?」

「こう暑くては、かなわん」

「パリは夜もすがらでしょ」
夫は階下へ降りて行ったが、洗面所で水を浴びる音が聞えた。妻は窓のそばに立って、またたき始めた星を見ている。子供は畳の上にうつ伏しになって寝てしまった。彼女は黙って空を見ていたが、夫が階段を上って来る音に、はっと我に返ったように手すりを離れた。

庄野潤三初期の「夫婦小説」のみごとな集約点のような作品が「プールサイド小景」である。この作品で語られるのは不安な新婚生活ではなく、すでに小学生の子が二人いる中年夫婦の、人目にはまったく羨むべき、安定した「生活らしい生活」である。

その青木氏の家族を眺める他人の目が、話のはじめにいくつか導入されている。学校のプールで女子選手たちのコーチをしている先生と、プールのそばを通る電車の乗客（勤め帰りのサラリーマンたち）である。青木氏はプールの隅を使わせてもらって、子供たちを泳がせているのである。青木氏の家族を見る他人の目としてもうひとつ、どこで見ているのかわからない語り手の目がある。語り手は、青木夫妻の「生活らしい生活」の裏側を語りはじめる。

じつは青木氏は、会社でちょっとした使いこみをしたために（処女作「愛撫」の夫もわずかな額の使いこみをする）、あっさりクビになってしまった。彼は仕方なく家にいて、十日のあいだ子どもたちをプールで泳がせる。その「十日間の休暇」もやがて切りあげると、今度は毎日出勤するふりをしてどこかへ出かけていく。

一見安定した日常が、わずかな齟齬によって亀裂を生じ、他愛なく崩れ去る。それはまったく見事なくらいのあっけなさだ。しかもそれは、決して考えられないようなことではなかったのだ。だから、「自分たち夫婦が今日まで過して来た時間というものが、まことに愚かしく、たよりないものであったことに改めて気が付」かざるを得ない。

初期の「夫婦小説」では生活の不安が常に先にあったが、「プールサイド小景」では不安と怖れがあとからむきだしになる。夫婦のそんな内実が十分に語られたあと、夫婦の物語に幕が引かれて、プールの眺めと「幸福な生活」を羨みたがる他人の目が戻ってくる。「愛撫」以来積み重ねてきた「夫婦小説」に、ここでひと区切りつけようとする幕切れのようにも見える。

プールは、ひっそり静まり返っている。

コースロープを全部取り外した水面の真中に、たった一人、男の頭が浮んでいる。

明日からインターハイが始まるので、今日の練習は二時間ほど早く切り上げられたのだ。選手を帰してしまったあとで、コーチの先生は、プールの底に沈んだごみを足の指で挟んで拾い上げているのである。

夕風が吹いて来て、水の面に時々こまかい小波を走らせる。

やがて、プールの向う側の線路に、電車が現れる。勤めの帰りの乗客たちの眼には、ひっそりしたプールが映る。いつもの女子選手がいなくて、男の頭が水面に一つ出ている。

昭和二十年代から三十年代にかけて書かれた夫婦小説は、今から見ると、作家ひとりひとりの特徴が強く刻印されているのがわかる。若い男性作家にとって、夫婦の問題というものをはじめて本式に突きつけられた時代だったということかもしれない。

島尾敏雄の病妻ものは、彼の出発時の前衛的作風から一変して、あらためて私小説の手法を徹底させたもの（夫婦や子どもの本名が使われているほど）だが、これはこれで島尾敏雄という作家を強烈に印象づける。

いわゆる病妻ものは戦前からあったが、島尾のものは、痛んだ妻の単なる看病記にとどまらず、いわば夫婦のぎりぎりの闘いを書いたものである。夫の浮気がきっかけで精神に異常をきたした妻が入院するとき、夫も一緒に精神病院に入って同室で暮らす話が、十篇近い短篇の連作として書かれ、またその入院より前の、夫婦の葛藤と病状が悪化していくさまを書いたものが、中篇を含んだ六篇ほどの連作になっている。後者の連作をあらためて長篇小説に仕立てなおしたものが、作者の代表作となった有名な「死の棘」である。

ここでは、短篇小説として、連作のなかから「離脱」「鉄路に近く」などを見てみたい。

「離脱」は、「私たちはその晩からかやをつるのをやめた。」「審きは夏の日の終りにやってきた。」と書き出される。それまで十年ものあいだ従順だった妻が、その晩から一変して、夫を激しく糾弾しはじめる。「どこまでつづくかわからぬ尋問のあけくれがはじま」るのである。夫婦は三日三晩眠らずに対峙しつづける。夫にとっては妻の「審き」を受ける日々である。妻は夫の日記を読んだりして浮気の事実をつかんでいたのだ。書き方を見よう。

「たしかにそれだけなの。かくしているのじゃないの」

「いいえ、かくしてなんかいない。いまさらかくしたってどうなるもんじゃない」と私はいなむ。

「ほんとうね。うそ言っちゃいやよ」「うそは言いません」「ぜったいに?」「ぜったいです」私はまた否む。ひとつを言えばふたつを言うも、同じなのに、ふたつめを言うときに、気づかれなければふたつめは言わずに通りすぎたいきもちの起ってくるのをどうしてもはらいきれない。でも別のところで必ずそれをあらためて言わなければならなくなることがおそろしい。妻はそこをつき、私はどもって二枚の舌をつかい、訂正しようとして、きたない顔つきをこしらえた。長い夫婦の生活のなかで妻のこの追いつめのすぐれた技術にどうして私は気づかなかったろう。断定を単純に言いきって、かならず相手の言い分をあいまいな立場に追いこんでしまうみごとなロジック。三日のあいだのもつれあった不眠のとりしらべのあとで、私は妻の疲労のない顔にみとれ、じぶんをどうしても弁解する余地のない、いやしい男と思いはじめた。きっと妻の言う不浄なけものにまちがいはない。どういうつもりで私は長い歳月をけもののようなことばかり考えてすごしてきたのだろう。


新人作家である夫は、文学の仕事と生活の苦労に追われて、家庭をかえりみる余裕をなくしていた。よその女との関係に気をとられて、外泊も平気だった。妻はじっと我慢するうち神経をいため、夫を糾弾しはじめたときにはすでに異常の気がきざしていたのである。引用の文章からそれがわかる。それまで気むずかしかった夫とおどおどしていた妻の立場が、一気に逆転した場面である。

妻は「こんなぼろきれみたいなあたしにかまわ」ずに、「おすきなように今まで通りきたない文学的な生活をつづけたらいいでしょ」といったり、「今までのあたしとはちがいますよ。お金がかかるわよ。あなたのような三文文士にあたしが養いきれるかしら」といったりする。彼女は自殺をする覚悟なのだが、夫は、「とにかく、しばらくのあいだ自殺をのばしてください。これからの私を見てくださいと何度もくりかえすこと」しかできない。だが、その後も妻の尋問はくり返され、苛烈さを増してくる。

……あいまいなことをあいまいに言うと、妻はそれを責め、すこしちがうのだがはっきり罪の中に書きこみなどして、自分のからだはふるえはじめる。そのからだは検証のためにすべてを妻にあずけてあるが、妻のからだは精密な虚偽発見器とことならない。私のおびえきった反応が、現われたところの正確さで妻のからだに記録され、ちがうんだと叫んでも妻はそれを許容しない。記録が私のあいまいな真実とくい違って痕跡をのこすと、それは次から次に、別のくい違いを呼びよせずにはおかない。「うそつき」と妻は審き、私はあせって、不在証明を呈出するたびに、うその深さが深くなる。もうどうしてものがれることはできない。……

妻はやがて、「頭に重い大きな鉄のおかまをかぶったようになる」から頭を殴ってくれといい、夫は殴る。夜更け、「重ねてなんべんも妻の肉をうっていると、苦行のにおいがただよってきてむなしさがふくれあが」る。これは家の外の裏小路の場面で、人が見ている。「なんにんかのひとかげが、警戒して遠巻きに行きちがって行ったそのこちらをうかがうかっこうが、襟巻で口もとをかくしなどして拒絶した好奇の腰つきをして、私のこころを刺してくる。」「離脱」が語るのは、夏が過ぎて朝晩が冷えこむようになるまでのことである。「ずい分いろんなことを話し合った。そんなことは結婚いらいのことなのだ。」「少しずつはよい方向に向ってかたまって行くのだろうと思っていた。」ところが、そうなってはくれずに、手に負えない事態に至るさまが書き継がれていくのである。

短篇小説としては、妻の鉄道自殺未遂事件を語った「鉄路に近く」がよくまとまっている。会話をすべて地の文に埋めこむ書き方で、全文中改行が一箇所しかないが、その改行より前の部分が夢の話、あとの部分が現実の自殺未遂の話になっている。あとの部分の、妻を助けてくれた鉄道工夫を家にあげて、妻が家をあけていたあいだ七輪の上で煮えていた牛の臓物の味噌煮を食べさせるところが印象的だが、現実の場面なのにこちらも不安な夢のなかのような趣きがある。全体に、夢魔の不安のようなものがよく生かされた作品である。

自殺の誘惑は、妻ばかりでなく夫のほうにもある。「日は日に」では、のっけから、「ぶらさがりでなく、首に紐をまきつけ自分の両手でひっぱる」ようなことをする夫の「発作」がなまなましく書かれる。そして、「われ深きふちより」以後の連作（創作の時期はこちらのほうが早い）には、幼い子どもたちを郷里に預け、持家を処分して二人一緒に入院するところまで追いつめられた夫婦の姿がある。治療の必要のない夫がこんなふうに思うところが独特かもしれない。「私の今は、むしろ自分であらゆる周囲から隔絶していないと苦しくてたまらないと思い込んだりすることが多かったのだ。しかしそれは妻の中に巣喰ってしまったもう一人の別の妻のおさえられない発作に対しての、向けようのない抑圧してねじ曲げた抗議の別の姿であったのかも分らないのだが。」

妻も夫も、相手から離れては不安でいたたまれない。いつしかそんな厄介な関係になっている。だから、二六時中顔つきあわせていて「大っぴらにわめきたい時にわめきちらし、妻と廊下の追いかけっこをし、一晩中ぶつぶついさかいを」する毎日である。「それは世間では或いはおかしなことであっても、ここではそのために拘束される何ものもない。」「やはりここでは、他人の発作に寛容であり、私はむしろ傷つけられること少く、誇高く生活されそうに思えた。」

長篇小説「死の棘」によると、夫婦一組で入院する前に、妻は単独で別の病院へ入ったりもしているのだが、ともかく入院までに手間どり、また実際に入院しても治療のきき目がほとんどないような精神医学の頼りなさが、いかにも昭和三十年ごろを思わせる。夫のほうも世間というものを失って、妻の狂気のふところへ飛びこんでいく関係の不思議さにも、やはりその時代らしさが感じられて印象が深い。

ほぼおなじころの、もうひとつ若い世代の夫婦生活を扱ったものに、三浦哲郎の初期短篇群がある。すでに「肉親」をテーマとする作品として前章で触れたが、三浦氏は「夫婦」を語ることで文学的出発をした作家だともいえるので、ここでもう一度「忍ぶ川」や「初夜」に触れておきたい。

「忍ぶ川」は、故郷の家の没落あるいは滅亡からひとり立ち直ろうとする末息子の、ある意志的な愛の物語である。昭和三十年ごろの戦後的風景のなかで、貧しい大学生の「私」と料理屋で働くまだ十代の志乃の、馴れそめから結婚までが語られる。二人にとって縁の深い深川の町を歩くはじめてのデートの場面から、栃木の田舎で窮死しかけている志乃の父親と「私」が対面する神社の住まいの場面に至るまで、全体の三分の二ほどは、文章の力がみごとに保たれて間然とするところがない。苦労してその力を得てはじめて書けた小説だということがよくわかる。

発表当時、わざと古めかしくつくったメロドラマといった受けとめ方があったと思うが、この作品は文章の緊張がなければおそらくそう読まれるであろう。実際は、一見やわらかそうでぴんと張りつめた調子がそんな読み方を許さない。艶と力のある文章がいまなお新鮮で、ゆるんだり流れたりすることがない。

だが、それが幾分ゆるみかけるのがあとの三分の一ではないかという気もする。「私」が志乃を連れて雪深い東北の故郷へ帰り、家族だけの結婚式をあげ、翌朝近くの温泉へ新婚旅行に出かけるまでの部分である。そこに並んでいるいくつものエピソードが、感動的ではあっても甘さを感じさせるようになるのは、文章がやや滑り始めているからだといえるにちがいない。この意志的な愛の物語は、「よい生活」を求めて家族とともに蘇生しようとする若い夫婦の意力が伝わる文章があるかぎり、甘くならずにすむはずなのである。

幸せな夫婦の話を書くのはむつかしい。逆に夫婦の闘いを書いたほうが小説になりやすいであろう。「忍ぶ川」では、二人のあいだのあつれきは、どんな小さなものも注意深く除かれているように見える。そんなものをいちいち書いても仕方がないという世界がつくられている。

それをつくろうとする強い意志が、文章の緊張感を生む。読者はその文章をつうじて作者の意志を受け入れる気になる。だから、文章に緊張感がなければ受け入れにくくなるそのぎりぎりの一線を、作者がどうクリヤーするかが重要で、「忍ぶ川」という小説は、そのことに十分意を用いて際どく成功させたものだといえるであろう。

わかりやすい印象的なエピソードを連ねる書き方も、へたをするとメロドラマのように受けとられるので、注意が必要になるはずだ。エピソードができすぎの感じを与えないようにするだけでなく、エピソードの節約ということも、場合によっては必要になるかもしれない。

「忍ぶ川」には他の作家が真似のできないエピソードがぎっしり詰まっているが、「初夜」にも印象的なエピソードが少なくない。エピソードとエピソードをつないで語るような書き方もおなじである。夫婦の情景として印象深いエピソードが作品の末尾にある。次にそれを引いておきたい。

語り手の「私」は、父親の死によって一族の「血の問題」から解き放たれ、ようやく子どもをつくろうと思うようになっている。妻は懐妊のしるしを見て、それを確かめに病院へ行く。「私」は山裾のながい橋のたもとで妻が帰るのを待っている。

オーイと、空から女の声がながくきこえて、私はなんとなくあたりを見上げると、思いがけず、稲荷山の中腹の枯れた潅木のなかに、志乃が立っているのであった。山のすぐむこうにある病院から近道してきたのであろうが、その近道は急勾配で、その上、地面にはごつごつと木の根が匍っているのである。ばかだなあと私は思った。

「オーイ」とまた、志乃がさけんだ。

「どうだったあ――」と私もさけびかえした。

「これですう――」

志乃は、両手をあげて、ばんざいの恰好をした。「あたりまえさ」と私は声に出していいながら、頬がひとりでにわらうのをおぼえた。（略）

それから志乃は、坂を駈け降りはじめた。私は、おどろいて、ゆっくりこいとさけぼうとしたが、駈け降りてくる志乃の姿に思わずみとれてしまった。志乃は、首からショールをなびかせ、両袖を思いきり左右にふるようにして、裾を乱して駈け降りてきた。それは、およそ和服にしたしむ女の駈け方ではなかった。そうして私は、そこに、もうなりふり構っていられない志乃の大きな歓びをみるような気がしたのである。

私は橋の中央に、いつでも志乃を抱きとめられるように身構えて、

「ばかだなあ。なんて不恰好な走り方をするんだろう。ころんだら、どうするつもりだ？」

苦笑しながら立っていた。

この夫婦は、作家志望の夫の収入が乏しいために、暮らしに追いつめられていくが、「帰郷」「団

欒」「恥の譜」などでその貧乏暮らしが語られる。夫婦間のあつれきが取りあげられるようにもなる。それをしつこく語っていけばより典型的な私小説になるであろうが、三浦氏はあまりそちらへ行こうとしない。基本的に「忍ぶ川」の場所を守って氏の文学がつくられていく。

女性の作者が夫婦を書くときも、幸福な夫婦にはならないのがふつうである。どちらか一方の、あるいは双方の浮気がからんで危機にある、といった夫婦がたくさん書かれてきた。

宇野千代「刺す」の夫婦は、戦後間もないころの東京・銀座で出版社を営んでいる。夫には若い情人がいる。自由に仕事をしている妻は、ほかに男づきあいもあるようだが、だいぶ歳が下の夫の浮気に心を騒がせ、その痛手を埋め合わせるように、新雑誌を創刊するという冒険に乗りだす。

「良人の情事に対抗して、自分もまた、同じように新しい情人を持って、良人の気持を騒がせようとする浅はかな妻の情熱を、この新しい仕事に傾けたいと願ってでもいるように、一種、気違いじみた、異常な関心を持って準備にかかったのであった。」

敗戦直後にその出版社は雑誌で成功したことがあった。その余勢を駆って、あらたに通俗雑誌を始めることになるのだが、時代の変化もあって成算がおぼつかない。にもかかわらず妻は強行する。それは、「あの独断的な計画が、何によって強行されたかを知ると、一種言いようのない寒気を感じずにはいられな」い、とふり返られるようなことであった。

案の定、新雑誌は失敗する。妻は今度は、会社の近くの土地に家を新築することを思い立つ。

夫と二人で暮らすための贅沢な新居が出来あがるが、新雑誌に大金が注ぎこまれたのと同様、その家にも会社の金が無制限に使われていた。

「私はこの新しい家が、ひとりで良人の帰って来るのを待つために、そのためにどんなに巧く建てられていたか、このとき初めて知ったのであった」。まだ馴染めない、広い、空々しい部屋で、妻は帰らぬ夫を待ちながら懊悩し、ながく馴れ合ってきたという嫉妬の感情をほとんど甘美なものに思う。しかも、夫の本のあいだから見つけた若い情人の写真を見て、その娘の平凡な顔の「殆ど子供のもののような稚《おさな》さ」を知り、思わず彼女を認めるような気持ちになってしまう。「私はこの瞬間、良人の情事を理解したと言ったら、人は信じるだろうか。」

そこへ、夫婦のちぐはぐな思いなど吹き飛ばすような事件が起こる。会社が巨額な脱税のため手入れを受けたのである。夫婦は逃げて旅館に泊まる。夫は会社がいよいよつぶれることを覚悟している。末尾の文章はこうなっている。

……恐怖が二人の体を、二匹の動物のように寄せ合わせたのであった。「私を抱かなくなっても、ときどき、こんなに並んで寝て。」それは、このとき、私が良人に言いたかった言葉の全部であった。私の頬を初めて涙が伝わった。私には、それが私の、何ものかへの訣別のように思われたからであった。

これは「普通の夫婦にはないような年齢の開きのある」夫婦の話である。年上妻の心の動きが独特で、「私を抱かなくなっても」云々のせりふが哀切に響く。この話で夫婦が二人きりになるのは、追いつめられた最後の場面だけなのだが、妻は会社の倒産を前にして、奔放に生きた「女」としての自分がこれで終わったように思いながら涙を流すのである。めんめんたる語りが情感に濡れて艶っぽい。

同じころの平林たい子の短篇「熊」（昭和三十九年）では、浮気をする夫と張りあって妻も若い男をつくってしまう。ある意味で「刺す」の話と同じである。経済力のある中年の妻が、夫に対しても若い男に対しても、荒いような醒めた心をはたらかせるさまが語られる。彼女の心は、ちょうど体が妊娠するように若い男を「身籠って妊娠」するのだが、もともと夫を捨てる気はない。夫や子供は自分の所有物で、自分の財物ですらあり、「溜まった貯金をすてる阿呆」はいない。「とすれば、ここに居坐ったままで自分は救われなくてはならない。これを皆所有したままで救われる途《みち》は、象が針の穴をとおるよりも難事であろうか。」「八方破れでありながら、破れ散ろうとはしないこの精神的あばら家を守るためには、自分は、やっぱりいまの道をすすむより他仕方がない。」

夫婦というものは「精神的あばら家」だがそれは捨てられないというとおり、話の終わりで妻は、軽い脳出血で倒れた夫が女と一緒にいる部屋へ駆けつけ、夫を家へ連れ帰るためにひと働きする。そのあいだ、若い男は彼女の心から捨て置かれたままである。自分の浮気は「天に恥じる所はない」が、「ひょっとしたら天は彼（夫）にも似たことを命令したのではないだろうか」というシニカルな終わり方になっている。

宇野千代の短篇世界がしっとりと濡れたようにあでやかなら、平林たい子の世界は乾いていて、ことばが乱暴でひとこともふたことも多い。が、肚のすわった中年女のユーモアといったものが感じられる。宇野は世界をしっとりさせるために文章に手間ひまをかけているが、平林は材料を投げ出すように無造作に語って、文章の末にこだわらない。ただ、短篇の組み立て方には十分に意を用いているのがわかる。

ここで、いまのアメリカの女流で短篇小説が得意なアリス・アダムズのものを見てみたい。「また会う日には」という作品は、話が大筋のところで平林作品に似ている。妻が短期間教えにいった短大の男子学生に対する「御しがたい」恋の感情が語られるのだが、夫が重い鬱病で動けなくなると、妻はてきぱきと動いて彼を病院へ運びこむ。そのあいだ（つまり作品の後半部分のほとんど）、彼女の恋情も学生の存在も、きれいに消えたように一切書かれず、末尾のところでひょっこりそれが再現されて終わる。たくみな書き方だといえる。

この夫婦も、平林作品同様、若いとき女のほうが夢中になって結ばれた間柄で、どちらもインテリで、金があって、しかも彼らの「中年の秋」は少なからず荒涼としている。だが、その「秋」の書き方はずいぶん違う。平林作品では、心が乾ききったような、身もふたもないシニカルな書き方だが、アリス・アダムズは情感をこめて、鮮やかな絵のように「秋」を描く。宇野千代ふうにしっとりとしたところがある。

妻が教えに行った短大の土地コーンフォードの夏は乾燥していて暑く、夫婦の家のあるサンフランシスコは霧に閉ざされて灰色である。妻は車で家に帰るとき、冷たい霧の丘へ近づきながら身をふるわせ、「すべてを見通せる自分自身の人生のことを考え」る。成功者の夫のことを、そして「わたしたちの冷たい清潔なアパートメント」を思う。夫婦の暮らしは「細心の注意をもって築かれ」「きわどいバランスを保っている」が、くり返される夫の鬱病にどこまでつきあえるかわからないと妻は思う。

かつて才能豊かなハーヴァード大学生だった夫は、建築家として成功した現在、鬱の発作でセメントのように固くなってしまっている。妻はそんな姿の夫を乗せて車を運転していく。彼女は「恋」の相手の若者に対して、「具体的な愛の行為」を思うと、「それは考えただけで恐ろしいし、気恥かしい」と思っている。平林たい子「態」の妻は、若い男と関係をもちながら「いやなにたにた笑い」を浮かべるが、それとは違っている。宇野千代「刺す」の妻が、「私を抱かなくなっても、ときどき、こんなに並んで寝て。」と言うのに似た気持ちなのかもしれない。

同じアダムズの短篇「嫉妬深い夫」では、妻が勤め先の病院の黒人看護助手と浮気をする。それを知った夫は妻を殴るが、そのあとで「怒りに任せて妻を抱」く。「自分にそんなことが可能だとは思ってもいなかったほどの荒々しさで」妻を責めさいなむ。そして、「その晩遅く、スチュアートはハンバーガーを買ってきて、ベッドの中でマーサと食べた。それからまた、彼女と愛し合った。」

同じ作者でも、こちらは皮肉な調子の乾いた語り方である。大学同窓のこの若い夫婦は、南部のヴァージニアからサンフランシスコへ移り、妻はまじめに働くが夫はただ本を読みながらぶらぶらするうち、思いがけず妻が浮気をしてしまう。夫はヒッピーふうだが、黒人に対して南部人らしい複雑な感情があるようである。いわばそれを核にして妻の情事にこだわり、「嫉妬の快楽」や「甘美な苦悩」によってマゾヒスティックなつながりが強まっていくさまがおかしい。

じつはこの二人はそれぞれの容姿に特徴があり、カップルとしてユーモラスなのだが、夫婦自身そんな外見を半分意識しながら、お互いの奇妙な相性にとらわれていく。その様子が、ヒッピーの時代のリアルな風俗図として生きてくる小説である。(アリス・アダムズ作品はどちらも高見浩訳)

いまの日本の女流のものからひとつ、村田喜代子「茸類」を見ておきたい。九州の都市で暮らす「わたし」が、椎茸栽培の専業農家に嫁いだ従妹に頼まれ、椎茸採りの手伝いにいく話である。深い山の奥の、バスの終点から徒歩一時間というところまで「わたし」はひとりで訪ねていく。

従妹の康江は鎌で足を怪我して動けなくなっている。足の親指を骨まで切ってしまい、手術をしたという。「わたし」は納屋の壁に掛かっている何本もの鎌を見て思う。「農具なのに鎌の刃にはなぜか不快感がある。三日月形に極端に湾曲した刃はマムシのように禍々《まがまが》しい。」

椎茸栽培の「ホダ場」は、檜林の斜面にひろがり、三千本のホダ木の上で椎茸がいっせいに傘をひらいている。昼もほの暗い谷間の林は「不思議な屋内にいるような心地がする。椎茸座敷、とわたしは思った。」

その椎茸座敷で「わたし」は一週間、康江の夫の仲道と二人で椎茸採りに精を出す。仲道は善良でやさしいがどこか怖ろしいところもある山の男である。ある晩仲道が出かけたあと、康江と二人で夕食をとりながら、「わたし」は椎茸栽培の夫婦の暮らしと康江の「山の人生」を思わされる。「あそこでは今夜も椎茸はどんどん傘を開かせている。」「椎茸座敷の天井は檜の枝で覆われて枝の隙間から糠のような雨が漏る。人里離れた山奥で康江の一生の時間がコチコチと秒を刻む。」

「わたし」は女同士向きあううち、康江の怪我のことをあらためて聞いてみる気になる。そして、「本当は、仲道さんがやったんじゃないの」と思わず疑念を口にしてしまう。「好きで殺すこともある……。二人きりで何十年ホダ場で働いて、魔がさすこともないとはいえない。鎌の刃を振りかざしたあの男の姿がなぜか目にちらつく。それはたぶん納屋で鎌を見たときからしだいにわたしの中で育っていったいやな予感だった。」

康江の答えは「確かに仲道よ」であった。いつも夫婦は仕事を終えると家で焼酎を飲み、酔って戯れあうこともあった。「笑うたらいやよ。あたしたちそうやってずっと暮らしてきたんじゃら」そんな場面で康江は、ふと足の親指を夫にストンと切り落としてもらったらどんな気持ちがするだろう、と思う。そう口にしてしまい、夫は台所へ出刃包丁をとりにいく。話のはじめの鎌のイメージが、最後のところで出刃包丁に変わる。都会ではかえって見られないような密着的な山の夫婦の秘密があふれ出す。康江は淡々と語りおえたが、「秘密を明かしたその唇はまだ熱を持っているようだった。」

十年ぶりに会った従妹夫婦の山の家。都会から出かけた「わたし」の目に、その家には何か只事でない空気が滞っているように見えた。それは「好きで殺すこともある」ような夫婦のあいだの特別な空気を、「わたし」の好奇心があらかじめ探り出していた、ということにもなるにちがいない。

リアリズムの夫婦小説のあとで、大胆な抽象化あるいは象徴化によって成功させた小説をひとつ見ておきたい。小島信夫の「馬」で、短篇小説としては長めのものだが、これを逸するわけにはいかない。

夫婦のあいだに一頭の馬が入りこんでくる話である。はじめは、ふつうのリアリズムふうに夫婦の関係が書かれる。ユーモア小説のようでもある。夫の側から、妻が無断で(と夫は思っている)計画した家の増築工事がある日突然はじまり、夫の意思とは関係なく立派な二階屋ができていくさまが語られる。

前半部分は、夫である「僕」が「僕であること」についての話だといっていい。恐妻家の彼は、常に自分の存在証明がむつかしいように感じている。そのことを、住まいとの関係で語る書き方になっている。人は自分というものを思うとき、住む家との関係でこれが自分だと思うことがあるにちがいない。だが、「馬」の語り手はそんなふうに自分をつかむことができない男である。

彼の日々の稼ぎによって家が建つのだとしても、実際に工事を計画し職人たちに指示を与えているのは妻のトキ子で、家を「建てているのは僕であって、僕ではない」。「トキ子との結婚以来、僕は僕であったことはほんのわずかな時間だ。どこにいても僕はトキ子の亭主で、この頃では正当な僕でさえも、いや正当な僕と思う時こそ、すみずみまでトキ子になっている。僕がトキ子に抵抗し、この出来上がりつつある家に抵抗するということは、けっきょくこの僕に抵抗するようなものなのだ。」

「僕」という男は、いま住んでいる家が建ったときも、その「しらじらしさに憎みさえし」、電車の窓から自分の家を見て、「今日も立っているか、まだ立っているか」（傍点作者）と不安がったり、高台にある自分の部屋から低地の家々を見おろすたび、「日々何か悪事をはたらいているようなやましい気分になやまされ」たりする男である。家などいつ雲散霧消するかわからないとさえ思っている。彼はそもそも、自分で家だの部屋だのを建てることができないばかりか、妻にいわせると「家が建つときにはいつもアタマが変になる」らしいのである。実際に彼は、増築工事のあいだおかしくなって、近くの脳病院へいれられてしまう。

「家」イコール「私」といったとらえ方ができるようなら、むしろ健康というものかもしれない。この小説の「僕」は、どちらが妻でどちらが自分かあやふやに感じるばかりでなく、「家」という実在するモノさえあいまいで不確かだと思うほかない。妻の増築計画を知らされて以来、彼はいよいよあやふやになって、不思議な妄想世界をさまようようなことになるのである。

　話はそんなふうに進んで、すべてが揺らぎ不透明になるなかに、一頭のみごとな競争馬が現れ出る。妻のトキ子が建てた新しい家は、階下がガレージのような馬小屋で、そこへ知人からあずかった馬が入ることになったのである。馬の部屋代を借金の返済にあてるのだという。「世の中のことはヘンでないことはほとんどありやしない」のだから、人の家にとつぜん馬が住みこむのは、「あんたはこの石を食べる？ それとも、カレーライスにする？」と聞くのと同じ不条理なことだとしても、結局のところ「僕」はそれを受け入れなければならない。

夫婦ふたりきりの暮らしに入りこんできた五郎という名の栗毛の三歳馬は、「僕」にとって「自分より遙かに男らしく逞しい」ハンサムな生きもので、「僕はすっかり自分のにんげんとしての尊厳を傷つけられたような気が」する。妻のトシ子は乗馬服を着て五郎をみごとに乗りこなすだけでなく、一日中つきっきりで世話を焼く。「僕」は嫉妬せざるを得ない。あげくに、「ふと僕はやるせなくなって、五郎の匂いのするトキ子のからだにふれて、唇をトキ子の唇によせると、五郎にはあんなに感概こめてその首すじに接吻したくせに、何の反応もなく眠っているし、その唇は毛がついていて、それが僕の唇にくっつき、まるで五郎に接吻したようでもある。」

平穏な夫婦の日常にとつぜん闖入してくる不条理なものを夫の側から見れば、馬の五郎のようなものになるのかもしれない。五郎は「僕」を軽蔑するように見、「尻尾をヒラリとふってゾッとするほど逞しい尻を僕に見せ」、夜中になるとこっそり妻に声をかけているのではないかと疑われる。トキ子と張りあうようにして「僕」も五郎に乗ってみると、「どっしりした、かたい胴のかんじ」がいかにも威厳をもっていて、振り落とされてしまう。

「僕」にとって、すべてが揺らぎ、ぐずぐずに崩れていく世界に入りこんだこの堂々たる闖入者のイメージはなまなましい。夢うつつの目に突きつけるような実在感が強く印象に残る。象徴的な異物と、それの与える不条理の感じそのものが肉感を帯びてくるような書き方が独特である。

性

思春期の男女を語ると、結局、性の目覚めを語ることになるかもしれない。新婚夫婦の話も、時に性的なものを強く感じさせるであろう。花柳界の女性、あるいは一般にプロの女性とのかかわりを書けば、性の関係そのものを語ったようになるにちがいない。

田久保英夫「蜜の味」は、新婚の夫婦を語って、腐った果実の「蜜の味」という性的イメージを生かしている。夫の母親は家業の果物屋をひとりでつづけ、売れ残りのいたんだ果実を息子の家へ届けてくることがあるが、若い妻はやがて好んでそれを食べるようになる。果物屋の子である夫以上に、妻はいたみものの腐った味に馴染んでしまう。田舎出のそんな妻の、「どこかエタイが知れない」なまめいた姿が描かれる。

むしろ彼は、友美のあざやかな食べっぷりに、目をひかれた。その指は今度は、山のいちばん上のうれ柿の両端をつまむと、唇へ近づけた。噛むのかと見ると、小さな桃色の舌がちろちろ出て、柿の果皮に触れた。その尖端で巻くように舐めると、薄い果皮は剥れて、舌の上へ乗っていく。女の唇も舌も、貪欲な触手のように柔かな柿の肉をまさぐり、からめとり、のみこんだ。

彼はその湯あがりの、酔うような顔やすばやい舌に、こっちまでひき込まれそうに感じた。友美自身、自分の触覚や味覚に昂奮しているようだった。

彼は女の上唇に、ジャムのように柿の肉がくっついているのを、掌を伸ばしてこすりとった。すると、その指の触感が自分を刺戟して、思わずまた相手の顔に掌が伸びた。上唇に触り、小鼻に触り、耳たぶに触り、顔や喉を手あたりしだい触ると、友美は突然深く息を吐いて、意外に逞しい動作で、畳に腰をずらして長くなった。あとの動作はよくわからなかった。

この小説は夫婦のほかに、近くに別居している夫の母親の姿をうまく生かす書き方になっている。母親は一人息子の結婚が気に入らず、息子の家へも来たことがない。「見かけは可愛いようでも、悪い女だ」といって嫁を認めない。もう七十歳だが、背がすっきり伸びた幼稚園の老園長といった姿で、果物の段ボール箱を背負って、息子の家のそばを青果市場へ往復したりしている。

この下町ふうの母親の、人を食ったような突っぱり方に老いがにじんでくるさまが、新婚夫婦のなまなましさのかたわらに巧みに生かしてある。母親のうまいスケッチが、作品をほどよく引き締める役を果たしている。

おなじ田久保氏の「雫」は、新婚ものではないが、性の隠微さに満ちた小世界が描かれている。

菊子という若い娘が母親と暮らしている家は、懇意な客が近くの「風俗営業地域」の女を呼んだりする旅館で、暗くて森閑としているが、「どの部屋も人がいない静かさではない。微かな脈搏や体熱のように、人の気配が伝わってくる。」

語り手の「私」は、月に一度、その旅館の帳簿の整理にいく。そして、菊子の書いたいい加減な伝票に悩みながら、彼女のごまかしに加担させられていく。まだはたちを過ぎたばかりなのに、虚栄心の強い浪費家の菊子は得体の知れないところがある。「どれも誤魔化しばかりの気がするし、みな素直な気持のような気がする。どこまでが甘えで、どこまでが計算なのか。私はその外側の皮をはいで、芯を見たいが、それもまた皮でしかないような気もしてしまう。」

その日「私」は、菊子に誘われて意外に広い旅館の奥へ入りこむ。若い娘の性の隠微な暗がりを分け入るように、菊子の部屋までついていく。隣室に彼女の老いた母親があらい息をついて寝ている。「死」の気配がある。菊子の性は「死」の隣りで、「悪賢さや嘘や扮装」と不可分であるように見える。彼女が「鋭い鞭のような音を立てて帯を解いた」とき、ふと隣室の母親の息の音が聞こえなくなっているのに気がつく。……

家業のいかがわしさと、菊子のごまかしや嘘と、そしてまだ未熟なのかもしれない彼女の性と。それらがからみあった小世界が、三十過ぎの「私」をその奥処《おくが》へ誘いこむのである。

川端康成「水月」は、もう少し古風で、美的でもある。一人の女性の二度の新婚生活を重ねた話になっている。

京子の前夫は結核のため、結婚後三カ月ほどで寝たきりになる。そして「厳格な禁欲」にもかかわらず夫は死ぬ。京子は娘のような体のまま再婚するが、「前の夫とちがう男の力に出会って」屈辱を感じる。それでも、「目に見えて美しくなるのが、京子は自分でもわかった。」

前夫は高原の避暑地で病いを養ったが、寝たきりの毎日、京子の手鏡に外界を写して「鏡のなかの世界」に生きていた。庭の菜園で働く京子の姿も鏡のなかにあった。それはおそらく、前夫の渇望と憧憬によって美しさを増した姿であった。夫の生前それらを写していた二種類の鏡を、京子は夫の棺《ひつぎ》に入れて焼いた。

再婚後、京子は新しい夫のいう「健全な愛」によって妊娠する。体が変わると、京子は「こわいわ。こわいわ」とおびえだす。性によって過去の自分が根こそぎにされる不安というべきか、京子はついに気がおかしくなりかける。彼女は前夫と暮らした高原へ行ってみる。もとの家にはすでにだれかが住んで、白いレエスのカアテンが見える。

戦時中で新婚旅行もできず、性の関係も少なかった前夫へのせつない愛が残っている。それは、新しい夫と時代によって変えられていく肉体感覚のなかに浮かぶ「追憶というよりも憧憬」に近い愛なのである。

室生犀星「性に眼覚める頃」は、発表のとき編集者の考えでそんな題になったといわれている。大正八年のことだが、そういえば純情詩人犀星の処女小説（「幼年時代」とともに）の題としては露骨すぎるようにも見える。が、編集サイドからずばりといえばそうなるという題だったたであろう。それで読者の目をも惹いたことだろう。

犀星はのちに、「小説は一種の性欲面をもっていて、それをこなすのに清浄な人もあれば、よごしてしまう人もある。」と書いている。（昭和二十七年版岩波文庫『或る少女の死まで　他二篇』あとがき）「性に眼覚める頃」は、金沢での作者の思春期を語って、「性欲面」を時になまなましく表現しながら、結局「清浄」にこなしたものになっている作品である。作者独特のポエジーによって浄化されているのである。

養子にやられた寺での、それこそ清浄な生活がまず書かれる。住職の養父とふたりで向きあう静かな暮らしである。「私」が裏の犀川へ汲みにいった水で養父がお茶をたてる。「釜は、父の居間で静かに鳴りはじまって、ことに冬など、ふすま越しにそれが遠い松風のように、文字どおり時雨の過ぎ去ってゆくような音を立てた。」

養父は暮れ方にはきまって「お燈明配り」をする。「襖《ふすま》襖《ふすま》がすーと音がしてあいたりしまったりすると、足袋ずれが次の室《へや》から次の室へと遠のいて行って、そのたびに、一つ一つの室《へや》に新しい燈明がぱっちりとあかるくともされてゆくのであった。」

十七になったばかりの少年にとって「清浄」すぎるようなその寺は、廓《くるわ》に近い界隈にあって、女たちがお詣りにくる。「私」はある日、美しい娘が賽銭泥棒をするのを戸の節穴から覗き見する。彼女は泥棒をくり返すようになる。「私はそうした彼女の行為を見たあとは、いつも性欲的な興奮と発作とが頭に重なりかかって、たとえば、美少年などをひどくいじめたときに起こるような、快い残虐な場面を見せられるような気がするのであった。」

「性欲的な興奮」は、やがて「私」を直接彼女とかかわらせようとする。「私」は賽銭箱のなかへ彼女あての警告の手紙を入れておく。彼女はそれに気がつく。「かの女は顔を赤めた瞬間、すぐに稲妻のような迅速な驚愕を目にあらわしながら四辺《あたり》を見回した。見るうちに彼女の手や膝がしらや、それらの一切の肢体が激しく震えた。彼女はおそるおそる手紙をとると、その瞬間、一種の狡猾な表情と落ち着きとを現わして、表と裏とを見くらべたりして封を切った。読んだ。そのせつな彼女の目は実に大きく一時にびっくりしたような色をおびた。そして読み終わるとすぐさま手紙を懐中へねじ込んで、まるでけとばされたように急いで雪駄《せった》をつっかけると突然《いきなり》駆けだした。」

　彼女が来なくなると、今度は「私」が彼女の家の前をうろつき、玄関にぬいであった彼女の雪駄を片方だけ盗み出す。その籐表《とうおもて》の雪駄は「べつな美しい彼女の肢体の一部分を切り離して、そこに据えつけてあるような、深い悩ましい魅力」をもっていた。「私」は「籐表のところで、思うさま手をこすってみたいような、も一つはその雪駄を緒は緒、表は表、裏は裏という順序にばらばらにこわしてみたいような惨忍に近い気持ち」に駆られるのである。

　思春期の少年らしい性の感情が、くわしくなまなましく語られて、読みどころになっている。「私」はその後、十七歳ながらひとりで廓に乗りこんでいく。そして、よく寺へお詣りにくる芸者を座敷に呼び、女性の存在に圧迫されてふるえながら坐っている。「私はただ、すきなだけ女を見ておればだんだん平常の飢えがちなものをうずめるような気がした。」この場面も、性の感情の激しさと寺の世界の静けさが、二つながらよく伝わってくるような書き方になっている。

　林芙美子の戦前の作品に「晩春」というのがある。室生犀星のものがむしろ中篇的であるのに対し、こちらは三十枚くらいの典型的な短篇小説として鮮やかに仕上がっている。

女学校五年生の満子の「性に目覚める頃」の心情が描写的に生かされる。その描写の筆が的確で、生彩があって、危なげがない。八王子在の農家の五人家族の要を得た紹介がみごとなら、またその家の暗い空気と、満子の鬱勃たる思いがほとばしるさまが、目に見えるようである。

八王子へ行軍にきた大学生たちが、雨宿りに家へ入りこみ、満子は青木専一という青年と親しくなる。いかにも戦前の大学生らしい青木の甘い手紙が、何箇所か効果的に使われている。青木はクリスチャンの両親をもつお坊ちゃんで、満子にとっては開明的な明るい世界を背負っているように見える。

満子の家は頑固な働き者の祖父がうるさく支配している。父は家出をしてしまったが、どうやら祖父と母は関係があるらしく、知恵遅れの弟は祖父の子らしい。姉は脊髄を病み、ギブスをはめたまま、医者にも見せずに放っておかれている。満子の「性の眼覚め」は、そんな家から飛び出そうとする衝動を強めるものになる。

青木が両親の住む大連へ帰省する前に会いにきたとき、満子は八王子の駅へ出迎え、二人は月夜の山へ登って別れを惜しむ。そしてはじめて接吻をする。その興奮を抱いて家へ帰ると、鍵がかかっていて、満子の夜遊びを憤る祖父に閉め出されたことがわかる。満子は「くっくっと笑いだしたいような気持ちで」一番好きな知恵遅れの弟の名を呼んで雨戸を叩きつづける。十八の娘の性の力が溌剌と弾けて終わる小説である。

現代作家のもので、よく出来た三十枚足らずの小説をもう一つ加えるなら、小川国夫の「心臓」

がある。思春期を過ぎても鬱屈して「自分で自分を噛んでいる」ような青年房雄と、二人の女友達とのつきあいが語られる。房雄は綾子と体の関係があるが、則子とはそこまで行っていない。主にその則子との触れあいが、静岡県焼津に近い山地の自然を背景に描かれている。背景にというより、房雄の性欲のうごきと一体となったような自然がとらえられている。

嵐と洪水のあとの、強風吹き荒れる谷間を、房雄は「逸《はや》った」動物のように自転車で則子を追う。その房雄の体に触れてくる自然の感触を生かすために、作者は身を削っている。房雄の目と体がとらえた自然の躍動を、作者はいちいち刻みつけるように描く。

向上心を失わない則子に対して、房雄はみずからを苛《さいな》みがちな懐疑家である。彼は「自分の日常が暗くなってしまった」と感じ、「僕には人間関係がない」「自分がどこにもいない」と悩み、「自分の内面を打ち明けたら、灰のように見えるだろう」と思わずにいられない。彼に確認できるのは自分のなかの「動物の感触」だけである。彼は心臓の動悸を意識しながら、「この音だけが自分なのか」と思う。

結局則子とはその日何事もなく別れたあと、房雄はうっかり自転車を暴走させて怪我をする。何か自罰的なその負傷の場面に現れるのが、もう一人の女性綾子である。なまなましいふくらはぎの傷と、そのあとの「彼女に忍び込まれた感じ」のセックスが、最後に重ね合わされている。

西洋作家の短篇小説にも思春期の性を扱ったものは多いが、フランスとアメリカのものをひとつずつ見たい。

マルグリット・デュラスの「大蛇《ボア》」では、戦前のアジアの「フランス植民地の大きな町」で育った十三歳の少女「私」の性の目覚めが回想されている。「私」はマドモワゼル・バルべの寮に入れられているが、寮生たちが外出できる日曜日、「保証人」のいない「私」はバルべさんと二人で過ごさなければならない。二人は日曜ごと動物園へ、「大蛇《ボア》」が若鶏を呑みこむところを見物しにいく。「私」はボアから強烈な印象を受ける。無垢な若鶏を呑みこんだボアの黒々と輝く「うっとりするほどの美しさ」。「いたましい惨劇」あるいは「完璧な犯罪」のあとの「聖なる静寂」。

寮へ帰るとマドモワゼル・バルべは、ピンクの下着姿になって、老いた半裸の体を少女の目にさらす。すでに七十なかばのバルべさんはひどい臭いがする。それは彼女が「一世紀ちかく守ってきた処女の匂い」「死の匂い」である。あるいは「孤独の腐食作用」による耐えがたい臭いである。

バルべさんは「私は一生を棒にふったわ」「彼はついにやって来なかった」「もう手おくれね」という。以上のような説明やせりふは通俗的でわかりやすいが、それはこの小説がいかにもフランス的な観念性を感じさせる作風のものだからである。観念的に単純化された一面が通俗的なわかりやすさになっている。

「私」は寮にいた二年のあいだ、二つの「嚥下作用《えんか》」、つまりボアが若鶏を呑みこむ嚥下と悔恨がバルべさんを呑みこむ嚥下の二つを、毎週その順に眺めつづけた。おぞましいバルべさんの姿を見ると燦々と光を浴びた美しいボアを思い、また「昼の怪物」たるボアを見ると「夜の怪物」としてのバルべさんを思うことをくり返した。

裸になってみると、「私」の乳房は清潔で白い。「それはこの家のなかでながめて楽しくなる、自分の生活のなかの唯一のものだった。家の外にはボアがおり、ここには私の乳房がある。」ボアのおかげで「私」は、生命的な「昼の怪物」の世界、「嚥下や消化や交尾などの形で無数の肉の交換がおこなわれ」る世界、自由で冷酷で静穏な、罪ぶかい「緑の楽園」が、自分の前にもひらけていることを予感するようになる。「ボアだけが私に、大胆さと破廉恥さを取りもどさせてくれ」たのである。「私」は植民地駐屯軍の兵隊たちにひそかに微笑を送ることを覚える。「私はつい何気なく、小鳥が飛ぶ練習をするように微笑していたのだ。」

ボアの世界に最もふさわしい人間といえば殺人犯や売春婦だ。「私」は、たとえ結婚できなくても「自分にはまだ売春宿が残っている」と考えるようになっていく。売春宿こそ、ボアの動物園とおなじ「破廉恥の神殿」なのである。彼女は自分の未来であるボアの世界の残酷さに慣れなければならないと思う。(以上山田稔訳)

デュラスの語り方の観念性は、通俗的な理解を許すところと独特の難解さとをあわせ持っている。それに対して、もっと具体的なとらえ方のアメリカ小説を次に見たい。同じく女性の作で、作家の干刈あがたさんが亡くなる少し前に訳して残してくれたメアリー・モリスの「奇妙な魚」である。デュラスのものは少女ひとりの性の目覚めだが、こちらはアメリカ中西部の高校生たち大勢のそれである。腕のいいリアリズムでカッチリと仕上げてある。

ミシガン湖に近い町の高校生の世界を好色な人気者バッキーがかきまわす話で、カリフォルニアへ転校していった彼が休みのたびに戻ってくるとき、次々に違う少女が彼のものになる。前年の夏にバッキーとつきあった「私」が語り手である。「私」はバッキーときわどく触れあいながら「最後の一線」は守ったが、いまもバッキーの危険な性的魅力を忘れていない。「私」はバッキーの魅力の裏にあるものをすでに知りながら、今年の夏彼に体を許した娘とほとんどおなじように彼の魅力を見ることもできる。その微妙さが全篇にわたって生かされている。語り手の設定のうまさがある。

カリフォルニアに馴れたバッキーは、ミシガン湖を「ただの水溜りだぜ」と馬鹿にし、はやカリフォルニアっ子気取りだが、古い中西部の少年少女にとって彼は西海岸の新しい風を感じさせる存在でもある。いまなお「私」は、「汐の香り」がするバッキーに抱きすくめられると「夢のなかにいるようだ」と思う。「まるで彼の肌には、遠い海岸の水分がいつも消えずに残っているみたいだった。」

その夏、ミシガン湖ではエールワイフという鰊の一種が大量に死ぬ。その死骸がいやな臭いをたてる。「町じゅうに死臭が漂いはじめた。なぜ魚が死んでいくのかは誰にもわからなかったが、その臭いは私たちに忍び寄っていた。（略）誰もが不安を感じはじめていた。」

この小説の原題は「エールワイフ」である。性的なきわどい場面に魚の死臭が誘い出されるような書き方になっている。高校生の女の子の性の不安にそのなまなましい臭いが重ねられる。月夜の湖面には、見渡すかぎり魚の死骸が浮いている。死骸は岸に連なり、水中にも積み重なっている。「ネッキング」などということばが出てくる六十年代の話である。夏の終わりにバッキーは去り、彼と遊んだ不良少女は学校で、女の先生に叱られ、「私は恥ずべきことをしたのです」と皆の前で告白させられる。

「私」はその夏最後にミシガン湖へ行きひとりで泳ぐ。水がタールのようにまとわりつくが、それはバッキーが去ったあとの平穏な「よく知っている湖」である。ボランティアたちがエールワイフをかき集めて小さな焚火で焼いている。……

エールワイフは、大西洋からセントローレンス河を逆のぼって湖水に入りこむ、何の役にもたたない「愚かな魚」なのだという。その魚の異変を生かして思春期の性を語る書き方が、ピシッと決まって隙がない。

いわゆる「おとなの性」をうまく仕組んだ話は、西洋の短篇小説に多い。適度の通俗性とともに男女間のドラマがくっきりと浮かび、情念の激しさが印象づけられる。

アルベルト・モラヴィア「五月の雨」は、短篇集『ローマの物語』のなかでも最もよく出来た一篇であろう。ローマの街を見おろすモンテ・マーリオの丘のレストランにボーイとして住みこんだ青年が、そこに一種の「地獄」を見る話である。

小さいレストランを経営する父親とその娘は、どちらも性悪で猛烈に仲が悪いが、娘のディルチェはみごとな体をもつ美女である。青年はディルチェに誘惑され、虜《とりこ》にされてしまう。「もがけばもがくほど、罠《わな》の爪はしっかりと肉にくいこん」だようになる。何の罠かといえば、ディルチェは青年に父親を殺させようともくろんでいるのである。

父親と娘が憎みあう凄絶な場面。その年の五月は異常な雨つづきで客がなく、不機嫌な父親の暴力がつのる。「あいつは目をあげると、いきなり、力いっぱい平手打ちをくわせた。娘の櫛が飛んだ。降りしきる雨に、あたりは薄暗かった。その薄暗がりのなかで、ディルチェの顔が大理石の彫像のように青白かった。髪の毛は、櫛が落ちた側に、ゆっくりとほどけていった。それがまるで目を覚ました蛇のように見えた。」

青年はディルチェの父親を「あいつ」と呼ぶようになっているが、ディルチェに対しても、彼女のそそのかしを憎む気持ちが、性的な惑溺とからみあっている。その葛藤のなかから、やがて父親への憎念が奔出して、ディルチェのたくらみに乗せられることになる。父親が地下の酒蔵へおりたときを狙って殴り殺すことに話が決まる。「父親が酒蔵から叫んでいる。『ディルチェ、ディルチェ』それに彼女が答えた。『いま、行くわよ』あれが彼女の身体を美しいと思った最後の瞬間であった。そのことを、いまでもはっきりと思いだすことができる。いつもの官能的な固い足取りで、彼女は白い首筋を梁《はり》の下に曲げながら、酒蔵のなかへ姿を消していった。」

青年は暖炉の火掻き棒を手に持って、あとにつづこうとしていたのである。が、ちょうどそのとき、雨に濡れた馬車ひきが店に入ってくる。「おい、若いの、手を貸してくれないか?」すぐ外の農地のぬかるみに、荷馬車がはまりこんでいて動きがとれない。馬車ひきはすっかり逆上した姿で馬を鞭うつ。あげくに青年の火掻き棒を使って滅多打ちにする。「あいつがもしもあの馬を殺したら、ぼくは助かるだろう。まるでぼくの怒りがそのまま乗り移ったみたいに、馬車ひきは何ものかに取り憑かれていた。」

結局、青年の激情は、見知らぬ馬車ひきに預けられたようなかたちになるのである。彼は「自分が虚ろになってゆくのを感じ」る。そして、倒れた馬のわきを「力ない風のように通り過ぎ」、ローマの街へと逃げていく。人間相手の殺意が馬殺しにすり替わる末尾がみごとに決まっている。(河島英昭訳)

ガルシア＝マルケスの短篇「六時に来た女」は、実直なレストラン経営者の男と、彼が思いをかけている女客とが、店のカウンター越しにやりとりする会話に終始している。夕方の六時から六時半までのやりとりである。女は性的にだらしないのか、体をもとでに生きるしかないのか、毎日違う男を相手にするような暮らしである。そんな女がとつぜん、「吐き気がするほど、男がいやになった」「女と寝たがる男のいないところ」へ行きたいと言い出す。女はその日、「それまで付き合った男の全部が吐き気がするほどきらいになっ」て、たまたま寝た相手を殺してきたのである。「何もかも終わりにするには、ナイフで刺すしかない」と思ったからだ。

男を渡り歩いた末の、いわば方向を見失ったような激情である。あるいは、虚無の発作のような殺人である。女はまだ寝たことのないレストラン経営者に向かって、いざという時には偽証をしてくれと頼む。「わたしのために、ひとつだけ嘘をついてくれないかしら」「警察は、あんたの証言なら他の誰のよりもよく信用するわ」

正直で善良な堅物の男を相手に、わがままをいい、軽蔑し、一転してやさしくなり、色気抜きの好意に必死ですがろうとする女の姿がある。女は逃走するつもりなので、店のカウンターでのやりとりは別れの場面にもなっている。二人だけの緊張した濃密な三十分を語る小説である。(井上義一訳)

ロマン・ギャリー（一九一四―八〇）というフランスの作家の「ペルーの鳥」は、「地の果てともいうべき」南米ペルーの浜辺のカフェを舞台にしている。カフェの主人は、ヨーロッパやキューバでレジスタンスや革命運動に加わったあと、五十近くになって「地の果て」へ流れついたひとり身の孤独な男である。

男の前に「尾羽打ち枯らし」たひとりの美女が現れる。男は海へ飛び込もうとする女を救う。そこの浜は鳥がたくさん死ににきて鳥の死骸で埋まっているのだが、彼女は死ににきた理由を自分で説明できる唯一の鳥のようでもある。

カーニバルの騒ぎの翌朝で、浜には奇妙な扮装の男が三人いる。彼らは女性のブラジャーや靴をもてあそんでいるし、女のほうもびしょ濡れのイブニング・ドレスの下は裸なので、レイプを疑わせるに十分である。女はカフェの主人に向かって「片をつけたかったの。片をつけるべきなのよ。もう生きられないわ。生きていたくない。自分の体がいやでたまらないの」といい、主人に抱かれる。そこへタキシード姿の金持ちイギリス人が現れる。彼は車のなかで四時間も待っていたのだという。

彼は「秘書」のイタリア青年を連れて、若い美女と世界旅行をしているのである。彼の話によれば、女は浜にいる男たち三人と関係をもち、イタリア青年とも交わり、少し前にはフランス人たちとも交わったが、性の喜びがなく、治療のために有名な医者を訪ねるところなのだという。

ひとりの若い美女を中心に、彼女が関係をもった英国紳士とイタリア青年とフランス人のカフェ店主と黒人を含むカーニバル衣裳の三人が居並ぶ荒涼たる海辺の場面が、ほとんど映画のようにつくられている。性的不感症の扱いが俗にすぎるのは否めないが、退廃的な英国紳士が女との世界旅行を「地獄」だというところが印象深い。浜を埋める鳥の死骸の上に立った女は、男を絶望させながら、「人間の手も神の手も、これ以上何も付け加える必要はないと思えるほどの完璧な美しさ」を示しているのである。(山田稔訳)

性の感覚をなまなましく語る小説は女性の書き手がうまい。男と女が性的に惹き寄せられる関係は、女の側から書いたほうが小説として成功しやすいかもしれない。

幸田文「姦声」は、しかし相手に惹きつけられる話ではない。逆に、女が猛烈に反発する相手によって手ごめにされかける話で、肉体の危機の瞬間が迫真的に語られる。それも未婚の若い娘ではなく、立派な人妻が白昼堂々レイプされそうになるのである。

語り手の「私」は大きな酒問屋へ嫁入りする。おそらく昭和のはじめごろのことである。店のトラックの運転手に、満州帰りの脂ぎった洒落男がいる。声に特徴があって、ブリキのラッパのようなかん高い割れ声だ。嫁入り早々から、「私」はそのいやな声に刺激され、つきまとわれるように感じる。彼は運転手という立場から店の商売の裏側に通じ、一種の力をたくわえて切れ者ぶるところがある。やがて店が左前になると、彼は露骨に夫を無視して「私」に接近してくる。旧主人の家の苦境に乗じて、じりじりとのしかかってくる男の卑俗な力が、若妻の側から不気味に描かれる。

あげくに、男がとつぜん家へ入りこんできて「私」に襲いかかる場面も、その露骨さがすさまを封じられていくさまが克明に描写されている。

じい。作者はそんな場面の体と体のせめぎあいの一部始終をくわしく書く。着物姿の人妻が抵抗

いつか足が自由になっていた。しかし二本一緒に押えられていた足は安全であったが、自由になった足には虚があった。蹴飛《けと》ばした効果より裾を割った損失は大きかった。向うの片足が膝こぶしの間を越そうとしていた。唇を避けるためには対手の頰に密着しなくてはならなかったと同様に、裾を割った両脚は渾身《こんしん》込めて、割りこんで来た対手の一本に膠著《こうちゃく》しなくてはならなかった。半ズボンをとめる留め金が、ぎしぎし膝にこたえた。闘いに周囲の事物は非情のものでいながらに、かならず敵味方の色に分れるものだろうか。しかしそれは時々刻々に変化する、いま味方だったものはすぐ直後に敵にも役立つという風に。彼の薄い毛糸のジャケツは手応えなく伸縮して彼に忠実であり、私の著物は情《なさけ》らしい手応えを残しはするけれど、淫奔にずるずると崩れた。胸と顔と裾は交互に襲われ、衿《えり》も褄も挘《むし》られた。挘られてははだかって行くことを意識がちゃんと知っていた。肩が脱げ膝が剥きだした。ちらっと向うのズボンがずり落ちかけていることを見た。

(略)裸なんぞ何でもありはしない。裸! とおもう一瞬のことである。たとえ裸と裸がどんなに搦《から》みあおうと、もうどうで大したことはないのである。けれども裸の皮膚のも一ツ内側には、私のなまというものがある。皮膚は洗えば落ちるが、なまはなまだから浸《し》みてしまう。浸みるなまに較べれば浸みない皮膚の価値なんか何程のこともない。今まだ全く保たれているそ

の私のなまが、金輪際彼はいやだとがんばり通している。ただそれだけなのだ。なまという平生は身体の器官の一ツにすぎないものが、この場合私の心に直結しているものだった。二ツとは欲ばらない、一ツだけのこと、——この男にはいやだという一ツだけの心であった。

結局、その修羅場へ帰宅した夫の「よせよ、おい、よせよ」のことばで男は立ち去り、「全裸よりもっとすさまじい姿」の「私」が残される。そのとき不思議に助けを呼ばなかった「私」と、恐怖に声も出ず泣いていた小女《こおんな》が、ずっと後になって、そんな場合に声が出ない不思議を語りあうところでさりげなく結ばれる小説である。

体のせめぎあいではなく、体が相手を求めて近づきあう関係の、もどかしいような中年世界をなまなましく語ったものに、たとえば高樹のぶ子の「浮揚」がある。女は小説家、男は生物学の大学教師で、地方都市のインテリ社会の関係である。不倫になりそうでなかなかならない。小説家の「わたし」は、小説を一行一行書いていくとき、まるで体を水に沈めていきながら、苦しくなって浮きあがり、次の一行へ移ってまた沈む、というふうに感じることがある。男のほうはシャイで優柔不断で、女を求めて息が詰まりそうになっているらしい。全体に、「アップアップする」息苦しさと水のイメージが、何重にも重ねられる書き方になっている。

激しい雨の日の車のなかで、雨水に閉ざされた重苦しさのなかから、ある水生植物のイメージが浮かびあがる。雌花は立派で雄花は貧弱な雌雄異株である。雌花が水の上に花を咲かせるとき、水中の雄花は雌花にたどり着こうとするが、茎が短くて届かない。雄花はそこでみずから茎をパチンと切って「浮揚」する。文字どおり決死の求愛である。生物学者の男は、その植物の図をこまかく描き写してきていて、勝手に「アワレモ」という名をつけて説明するのである。「わたし」ははっきり身を引く気になる。「馴れない唾液の匂い」が気になるはじめてのキスのあと、きわどい場面もあったがそれを「安定した過去の棚にそっと収めることも、さほどむつかしくな」いという中年男女の関係が、ようやくそこまで進んだところで終わる。それだけのことが、感覚的に十分に重く、そしてなまめかしく語られている。

話の最後、幻想的になるところが面白い。「わたし」の住むマンションのエレベーターに乗って、男がとつぜん「浮揚」してくるのである。おそらくそれは夢で、「どうしてここに？　あなたまさか、パチンと切ってしまわれたわけでは……」と「わたし」はいう。「パチンとやっちゃったら戻れない」男に対する怖れが、ここでもまた、水の気配に満ちた印象的な夢の場面をつくっているというふうに読める。

「浮揚」は、おそらく技術がなければうまく書けないような話を、抑制されたリアリズムの書法と適切なイメージ操作で印象的なものにしているが、村田喜代子「夜のヴィーナス」は、現実離れのした怪奇幻想世界へはっきり踏み出して成功している。旅先の日本人男性が、イタリア・フィレンツェのラ・スペコラ博物館にある美女の蠟人形につきまとわれる話である。

それはボッティチェリの絵のヴィーナスの顔と姿態を写したうえ内臓を露出させた解剖模型人形で、いわば「女性の肉体の真昼」としてのヴィーナスに「死の匂いが漂う」「暗黒の真夜中」

を合体させたような、「過酷で皮肉な一体化」の眺めだという。

それを「美しい！」と心底思った男にヴィーナスの影がとりつく。彼の旅行トランクのなかの下着（トランクス）がしっとり濡れていい香りがしている。ホテルの朝食のとき、彼が膝に広げたまっ白いナプキンに経血のような血が散っていて、v…e…n…u…sという字になっている。同行者たちがそれを目撃する。……

その男宗田五郎は、おかしな顔をしたやせた男で、足の怪我で杖を突いているのだが、ボッティチェリのヴィーナスならぬ「夜のヴィーナス」は、「筋肉と脂肪だらけの絵画と彫刻の街」で、よりによって「限りなく貧弱な一人の日本人の男」をつかまえたということになる。

宗田五郎は子どものときから、他の男たちと違って、女性をシニカルに批評しないという「気持ちのいい性質」をもっていた。彼は精巧な解剖人形を見て、「臓物もひっくるめて」ここにあるすべてが女だ、それが美しい、いとしい、としみじみ感じる。いわゆるマッチョな男とは違う感じ方かもしれない。その話を聞いた従妹の「わたし」は、「ヴィーナスはうれしかったでしょうね」という。「何だかしらないけど、わたしもうれしいわ。とてもうれしい。」

「わたし」は彼のイタリア土産のワインにひとり酔い、ヴィーナス幻想がなおふくらむが、酔いがさめても「ただ無性にうれしい」。「まるでわたしの中に、喜びにうちふるえる千万人のヴィーナスがいるよう」だと思う。

間違いなくこれもまた「おとなの性」の物語であろう。知的なウィットを横溢させた末に、「ヴィーナスはこのわたしだ。」「わたしたちだ。」と、女の側から呼びかけるようなことばで結ばれている。その結びが強く印象に残る。

かつて日本には花柳小説の伝統があり、いわゆる花柳界が衰えてからも、娼婦との交情を語る小説がいろいろと書かれた。吉行淳之介「驟雨」「娼婦の部屋」などは、特別な娼婦の町があった時代の「性」のテーマがわかりやすい。

戦後特飲街と呼ばれた町は、戦前の色町と違い、「人々に幻影を育ませる暗さと風物詩」をすでに失って、「夜はクリーム色のペンキのように明るいだけ」(「驟雨」)である。だがそんな町でも、女とのあいだに辛うじて生まれる「情緒」がある。それがあれば小説は書けるというところから吉行氏の文学は始まっている。

「娼婦の部屋」では、「毛を毟《むし》られたにわとりみたい」になってその町へ入りこむ青年が、馴染みの女と交わりながら「自分が生きていることを確かめようと」する。はじめそれは「感情を安全な場所に避難させてお」ける行為だったが、その「平衡」はやがて崩れ、青年は相手に執着しはじめる。素人女性に対するのとは「別の平面にある嫉妬心に咬み付かれはじめ」る。世間への屈托とともにそんな感情をかかえて娼婦のもとへかよう青年の「姿勢」は「充実」しているのである。

彼がまだ人生の足場を得られぬまま屈折し、娼婦の町と一体化できたそのころを振り返って、「娼婦たちは私にやさしかった」とくり返し語られる小説だが、その感傷的なリフレーンも娼婦の描き方も、いまでは多分に古めかしく、現実感がぼやけて感じられる。おそらくこの時期の吉行氏の短篇で一番よく出来ているのは、ふつうの娼婦ものではない「寝台《ねだい》の舟」であろう。こちらはなかなか際どい男娼との関係で、「寝台の舟」という西洋の童謡にうたわれている少年の寝台が、そのイメージが、とつぜん男娼の部屋の大きなダブルベッドにすり替わる。

語り手の「私」は、たぶん童謡の少年がやっと十五、六年歳をとっただけという青年にすぎないが、すでに「精根尽き果てかけてい」る。洞窟のようなトンネルのむこうの海辺の女学校で教師をしている。「娼婦の部屋」の女たちがやさしかったように、女学校教師がある晩トンネルのこちら側の町で知りあった男娼が示すやさしさもまた、一種特別なものであった。「そのやさしさは、精根尽き果てかけて脆《もろ》くなっている私の軀に、沁み込んだ。」

男娼はかつてその世界で名を知られ、贅沢に暮らしていたらしい。が、いまや容姿が衰えつつある。つまり、彼は「少年から遠ざかるにつれて、その男性としての特徴が際立って」きているのである。彼もまた「精根尽き果てかけ」、「最後の生命をかきたてて女性になろうとして」「異様なやさしさを、私に向ってそそぎかけてくる」というふうなのだ。

彼は男の客に抱かれて「最も女らしくなろうとする時に」力強く勃起し、「最も男らしくなってしまう」。それに対し、語り手の「私」の体はどうしても反応できない。ただひたすら、やさしさと好奇心によって相手とかかわりつづける。「私」は男娼に催淫薬のようなものを注射されても、毒薬かと半ば疑いつつ投げやりに腕を差し出したままでいる。若い「私」のむしろ少年風の虚無感が浮かび出る場面である。

吉行淳之介は、生涯にわたって「性」をテーマにしつづけた。彼はほとんどそれ以外のことを書かなかった。彼の文学は、「性」に対するきわめてまめな好奇心の産物だといえるにちがいない。

いまの時代に「性」への好奇心を持ちつづけている作家に村上龍がいる。彼は現代の「変態性欲」への興味がはなはだ強い。短篇集『トパーズ』は、その十二篇のほとんどがホテル派遣のSMクラブの女の子たちの話である。過激なSMプレイの場面が続出する。オン・パレードといった並べ方だが、サド・マゾ以外のふつうの性交場面はまったく含まれていない。そちらは興味がないとされる。作者はそういう世界をひたすらに語って生きがよい。

なかに谷崎潤一郎の名前が出てくる一篇があるが、谷崎のばあい生理的な過激さの印象は必ずしも強くならないのに対し、村上の興味はあくまでサド・マゾ的生理感覚の激しさに向けられている。しかも、SMクラブの女の子は、客の与える刺激に耐え、みずから反応しながらも、同時にひとつの「プレイ」を演じている。それはいわば、抽象的な都市空間に直接裸体をすりつけながら演じる孤独な「プレイ」である。吉行作品の「情緒」や「やさしさ」はもちろん、あらゆる心理的なものがほぼ除かれたあとの、ほとんど抽象的なまでに暴力的な感覚世界が描かれている。

他者とのあいだに心理的なクッションがなく、裸の性感覚が直接他者や外界にさらされているような眺めがある。それを十二篇分書くために才能がつかわれているが、すべて読んで最後に残る印象は、結局ひとつの眺めだということである。何本も裏ビデオを見たあとの印象に近い。

十二篇のなかでは、ビデオにとられたような場面が特になくて、もっと自由にそれ以外のことが語られている「鼻の曲がった女」や「サムデイ」に小説が感じられる。

愛

男女の関係を「性」によってとらえるのではなく、あくまでも「愛」という考えで語ろうとする小説は、日本の場合決して多いとはいえない。

そのなかで異色というべきは谷崎潤一郎の諸作で、谷崎は基本的に恋愛の関係を考えて、短篇ではないが「蘆刈」とか「春琴抄」とかの「ふしぎな恋」の物語を書いた。スタンダールの「情熱恋愛」の考えをとり入れ、特殊な条件下における「受苦の情熱《パッション》」の高揚を語ったもので、彼は昭和のはじめにその種のものをつづけさまに書いている。

その前の大正期、谷崎は「痴人の愛」という特異な「愛」の物語の前後に、「青い花」と「青塚氏の話」という二つの短篇を書く。どちらも女性をフェティシズムの対象として分解するような書き方ではあるが、そこから男のやや観念的な愛の心が浮かびあがる。なまな肉感への執着と観念的な求め方とが重なっている。

「青い花」（大正十一年）は、中年男の岡田が若いあぐりにはじめて洋服を着せるために、横浜の外人用の店へ連れていくという話で、二人は関係ができて三年、いま三十五歳と十八歳である。岡田は生身のあぐりのなかに、彼が求める女の理想の「影像」、あるいは「原型」といったものを見ようとする。それはプラトン哲学の「イデア」に当たるものなのだが、そのことは次のように説明されている。

彼はあぐりを愛しているのか？　そう聞かれたら岡田は勿論「そうだ」と答える。が、あぐりと云うものを考える時、彼の頭の中は恰も手品師が好んで使う舞台面のような、真ッ黒な天鵞絨《びろうど》の帷《とばり》を垂らした暗室となる、――そしてその暗室の中央に、裸体の女の大理石の像が建って居る。その「女」が果してあぐりであるかどうかは分らないけれども、彼はそれをあぐりであると考える。少くとも、彼が愛して居るあぐりはその「女」でなければならない、――頭の中のその影像でなければならない、――それが此の世に動き出して生きて居るのがあぐりである。今、山下町の外国人街を彼と並んで歩いて居る彼女、――その肉体が纏って居るゆるやかなフランネルの服を徹《とお》して、彼は彼女の原型を見る事が出来、その着物の下にある「女」の影像を心に描く。一つ〳〵の優婉な鑿《のみ》の痕をあり〳〵と胸に浮かべる。今日はその影像をいろ〳〵の宝石や鎖や絹で飾ってやるのだ。彼女の肌からあの不似合な、不恰好な和服を剥ぎ取って、一旦ムキ出しの「女」にして、それのあらゆる部分々々の屈曲に、輝きを与え、厚みを加え、生き〳〵とした波を打たせ、むっくりとした凹凸を作らせ、手頸、足頸、襟頸、——頸と云う頸をしなやかに際立たせるべく、洋服を着せてやるのだ。そう思う時、愛する女の肢体の為めに買い物をすると云う事は、まるで夢のように楽しいものじゃないだろうか?

生身のあぐりは、当時の大多数の女たちと同じく「在り来りの、その割につまらなく金のかゝる日本人臭い服装」をしていて、それは岡田の妻や娘や亡母とも同じだが、彼女だけはそれが「似合わない」。岡田は自分が裏切っている妻たちのことを思うと、憂鬱な悲しみにとらわれるのだが、彼はそれを振り切るためにも、あぐりの裸の「彫像」に洋服を着せなければならない。古くさい和服をまとった女の重苦しい統一を崩さなければならない。

やがてあぐりの体は、岡田の心のなかでばらばらに分解され、フェティシズムの対象である魅惑的な「フェティッシュ」になっていく。西洋の衣裳というものが、うまく女体を分解させるようなものとして岡田の目に映っているのである。

——西洋の女の衣裳は「着る物」ではない、皮膚の上層へもう一と重被《かさねかぶ》さる第二の皮膚だ。外から体を包むのではなく、直接皮膚へべったりと滲《し》み込む文身《いれずみ》の一種だ。——そう思って眺める時、到る所の飾り窓にあるものが皆《みんな》あぐりの皮膚の一片《ひら》、肌の斑点、血のしたゝりであるとも見える。彼女は其れらの品物の中から自分の好きな皮膚を買って、それを彼女の皮膚の一部へ貼り付ければよい。若しもお前が翡翠《ひすい》の耳環を買うとすれば、お前はお前の耳朶《みみたぼ》に美しい緑の吹き出物が出来たと思え。あの毛皮屋の店頭にある、栗鼠《りす》の外套を着るとすれば、お前は毛なみがびろうどのようにつや〳〵しい一匹の獣になったと思え。あの雑貨店に吊るしてある靴下を求めるなら、お前がそれを穿いた時からお前の足には絹の切れ地の皮が出来て、それへお前の暖かい血が通う。エナメルの沓を穿くとすればお前の踵《かゝと》の軟かい肉は漆になってピカピカ光る。可愛いあぐりよ！　彼処にある物はみんなお前と云う「女」の彫像へ当て嵌めて作られたお前自身の脱け殻だ、お前の原型の部分々々だ。青い脱け殻でも、紫のでも、紅いのでも、あれはお前の体から剥がした皮だ、「お前」を彼処で売って居るのだ、彼処でお前の脱け殻がお前の魂を待って居るのだ、……

そんなふうに思う岡田自身も洋服姿で、いまや妻子や亡母とは別の場所に生きながら、あぐり相手の荒色の末に体の衰えを感じている。体調が悪いと洋服がつらくて、「足枷手枷《あしかせてかせ》」をはめられているように感じる。「関節と云う関節を締め金やボタンやゴムや鞣皮で二重にも三重にも絞られて居るのだから、何の事はない、十字架にかけられたまゝ、歩いて居るようなものである。」いまにもグラグラと目まいがして倒れそうだ。作者はそんな具合に男の姿を戯画化しながら、彼の独特の「愛」を語っていく。これはのちの「痴人の愛」の試作品のひとつといってもいい作品である。

「青塚氏の話」（大正十五年）の主人公、映画監督の中田は、十八歳の映画女優由良子を妻にし、愛妻のあらゆる姿態をフィルムに残して結核で死ぬ。彼は自分の真の死因を説明した長い遺書を残していた。その遺書によると、彼は映画のスクリーンの上の由良子を溺愛しているひとりの男を知り、その初老の男に由良子を奪われ自身を「影」にされたかのように感じて死んでいったのだという。

この小説では、二人の男が求める女性像の「イデア」と「影」の関係が語られている。「実体を愛している男」と「影を愛している男」の立場が逆転する話でもある。初老の男の主張によれば、フィルムのなかの由良子は、「或る永久な『二人の女性』」というべきもの、つまり「イデア」になる。現実の由良子はそのおもかげを仮に宿している「まぼろし」にすぎない。あるいは、「『由良子型』と云う一つの不変な実体があ」って、それが個々の現実場面にいちいち影を投げているということにすぎない。

中田が出会ったその独身男は、丘の上の小屋のような家で、みずから苦心を重ねて作りあげた三十体もの精巧なゴム製の「由良子人形」を相手に、飽きもせず痴戯をくり返している。由良子の「実体」というのがそのゴム人形なのである。

大正期の太平な空気に養われ、「愛」の妄執にとらわれて、物好きを極めたように生きるひとりの奇人の姿が、中田という若い映画監督の「円満な」「恋」の上に重ねられる書き方になっている。

男性作者による「愛」の小説は、しばしば観念的な性質を帯び、同時に肉感的官能的な世界への執着あるいは没入があって、その二つが重なっているのがふつうである。

三島由紀夫「憂国」は、そういう特徴がいちばんわかりやすい例かもしれない。二・二六事件の際、死に後れたと感じた近衛一連隊の中尉武山信二が切腹する話で、新婚の妻麗子が夫の死を見届けたうえ自刃するまでが語られる。いよいよ切腹のときが来て、信二はこんなふうに思う。

……妻の美しい目に自分の死の刻々を看取られるのは、香りの高い微風に吹かれながら死に就くようなものである。そこでは何かが宥《ゆる》されている。何かわからないが、余人の知らぬ境地で、ほかの誰にも許されない境地がゆるされている。中尉は目の前の花嫁のような白無垢の美しい妻の姿に、自分が愛しそれに身を捧げてきた皇室や国家や軍旗や、それらすべての花やいだ幻を見るような気がした。それらは目の前の妻と等しく、どこからでも、どんな遠くからでも、たえず清らかな目を放って、自分を見詰めていてくれる存在だった。

結婚以来、夫婦は相思相愛の関係で、夫が「憂国の至情」から死を覚悟すると、それが以心伝心、妻に伝わり、誤たずに受けとめられる。つまり、妻も夫のあとを追うことを同時に覚悟するのである。そんな二人の「愛」は、「皇室や国家や軍旗」との関係でいわば純化され、理想化されている。

信二は「戦場の死と同等同質の死」を最愛の妻の目にさらし、それを受けとめてもらうのだと思う。彼は若妻の美しい白無垢姿をとおして、神聖なる国家の清らかな目に見守られているのを感じるが、そこから「言いしれぬ甘美なもの」「ふしぎな陶酔」を味わうのである。

ふだんの信二と麗子の性の交情は、きわめて健康で、まじめで、はげしいものであった。その関係は、ふたりの死の決意によって、「何者も破ることのできない鉄壁に包まれ、他人の一指も触れることのできない美と正義に鎧われ」ることになる。二人の精神的肉体的「愛」は、「死」の力と結びついていわば完全なものになるのである。

「憂国」という小説は、以上のように観念的に組み立てられながら、また一方で官能的なものをきわめてなまなましくさせる書き方になっている。二人の「最後の営み」の描写がくわしいが、特に切腹の場面はすさまじいまでにリアルに描かれている。切腹に対する作者の情熱と知識が、その四、五ページのなかにすべて投げ込まれ、信二の苦痛の露骨な描写が読み手の心を聳《しょう》動させる。

たしかにこれは、夫婦が血の海のなかでいかにもむごたらしい結末を迎える話ではあるが、作者はそれを語るのに「潔らかさ」「清冽さ」といったことばをくり返す。発展途上の国民国家の若さと重ねあわせて、作者は日本の戦前の社会に生きる美男美女のカップルを、ある特別な若さと清らかさを示すものとして描いている。「憂国」は、何事につけ「その思いは二人とも同じである」ということばで説明されるような、みごとに一体化した二人の「純愛」の物語なのである。

同じように純愛小説と呼ぶべきものでも、三島作品のような観念性を感じさせない、もっと自然な感じのものもある。ただ、そのばあいも、「純愛」を成り立たせるための条件は入念に仕組まれることになる。曽野綾子「只見川」は、戦時中の福島県の山奥、只見の理髪店の息子戸田岩男と十七歳の嫁小雪の話である。二人の「純愛」を語るために、戦争という障害と雪深い山奥の生活環境がうまく使われている。

戦争末期の昭和十九年、小雪が嫁入りして二週間後、とつぜん岩男に召集が来て出征していく。出発の前夜、小雪は岩男に抱かれ、「結婚以来初めて妖しい性の歓びに燃え上」る。「結婚してから、小雪は岩男を好きになったような気がした。いや、結婚してからではない。別れて初めて、小雪は、岩男に対する恋を自覚したのである。」

戦争が終わると岩男はシベリアへ抑留され、昭和二十三年まで帰ってこない。その五年ほどのあいだ、小雪は理髪店を守る姑と二人で、姑の「小雪の若さに対する激しい嫉妬」にさいなまれながら、ろくに店へも立たせてもらえずに暮らす。店には男たちの匂いと世間の猥雑さが満ちているが、その小さな世界を小雪は憧れさえする。冬になれば、女二人が雪に閉じこめられて「地虫のよう」に生きるしかない暮らしである。

小雪のたった一つの生甲斐は、シベリアにいるという岩男のことを思うことだった。もっともシベリアの暮しの背景は小雪にはどうしても想像がつかなかった。只彼女は、一緒に暮した十四日間に、岩男のしたことを一つ一つ貴重なかけがえのないことのように思い泛《うか》べた。何の手がかりもない岩男を待つよりも、せめて岩男の骨が戻って来てくれたら、と思う瞬間もあった。そうすれば、自分は毎晩その遺骨と眠るであろう。寒ければ岩男の骨を炬燵《こたつ》であたため、さしむかいで食事をし、ひそかに彼を背負って春木山にでかけて、美しい新緑の山々を二人で見ることもできる。何もないよりは、せめて彼がどんな形でも帰って来てくれる方がましなのだ。

ところが、その岩男が生きて帰ってくる。電報が来て、小雪はじっとしていられず、無理に郵便用の雪上車に乗せてもらい、山を越えて会津田島まで迎えにいくつもりになる。「新雪の海の上を高く滑って行く船のよう」な雪上車は轟音をたてて峠へ登っていく。山の天気の変化がこまかく描かれ、やがて峠の近くで雪上車が転覆する事故が語られる。大した事故ではなかったのに、小雪は車の下敷きになって死ぬ。

復員した岩男は、村の理髪店へ帰り着き、奥の部屋に寝かされている小雪の遺骸と対面する。彼はひそかに同衾し、亡妻の冷たい体を抱く。そして初七日をすませた晩、人々が帰ってから、彼は月明りの雪道をひとりで山へ登っていく。「自分と妻の生涯をめちゃくちゃにした戦争というものの彼方にいた『誰か』に、言い残すべきことはありそうに思えた。しかし、それは誰に言うべきかもわからなかったし、言ったところで妻は生き返りはしないのだった。」

岩男は山毛欅《ぶな》の老木の根もとへ登り着き、体を雪のなかに埋める。焼酎を飲み、「古里の山と川を朦朧とした目つきで眺め」る。「只見川は銀色に月光を受けてちらちらとふるえるような光を、川面に反射させてい」る。「生きるに価しない一生ではなかった、とふと岩男は心の中で思い返した。生きて小雪にめぐり会えて、今はもう生きていなくてもよくなっただけなのだ。」

戦争の時代の山村の男女の「純愛」が、現地の暮らしの条件を十分に生かして語られる小説である。村の理髪店を舞台にしたのがうまくて、それが着実に純愛小説の真実味を生んでいるのがわかる。

戦争の時代の「純愛」ということでいえば、島尾敏雄の初期の「島の果て」のような小説は、死を前にした若い軍人のきわどい愛の経験を語った独特なものになっている。

奄美の離島へ駐屯した部隊の隊長である中尉と、島の部落のトエという娘の物語である。敗戦直前の、いつ米軍が上陸してくるかわからないという情況下で芽ばえた「純愛」が語られる。

島尾敏雄全集第一巻冒頭に収められているのは「はまべのうた」という童話で、島尾の処女作だが、末尾に「これは昭和二十年の春に加計呂麻島でつくりました」という注記がある。作者が水上突撃隊（特攻隊）の指揮官として島で暮らしながらひそかに書かれたものであるらしい。「島の果て」も、死を前にしたぎりぎりの状態で、軍人としてはやや逸脱的に行動しながら、のちにその経験を稀有な童話のように仕立てた作品だといえる。「むかし、世界中が戦争をしていた頃のお話なのですが――」という書き出しになっている。

中尉は「まるでひるあんどんみたいな人」だといわれ、部隊の統率に悩みながら、夜になるとひとりで峠を越えて、その先の部落のトエのもとを訪ねる。峠の小屋には部下の兵士が寝ずの番をしていて、隊長の異常な行動は部隊じゅうに知れわたってしまう。

軍隊勤務のあいだに童話を書いたり、夜ふけに土地の娘と密会する隊長中尉は、部隊のなかで「何を考えているのかちょっと誰にも分らな」い存在である。しかも中尉は、隊のなかから選ばれた五十一人の先頭に立ち、上からの命令次第で洞窟に隠してある戦闘艇を発進させ、敵艦に体当たりして死ぬ運命にある。それは「朔《さく》中尉の世にも不思議な仕事」なのである。

中尉とトエがはじめて出会う場面はこんなふうに書かれる。

「ごめんなさい。でも眠っていたのではありませんわ」

そうして、つと立ち上るとばねのような歩き方をして障子を開け放ち、中尉さんを招じ入れました。蝋燭がトエの姿の向うになるとトエのからだが衣通《そとお》って見えました。燃え尽きようとする蝋燭を新しいそれに替えるために、美濃紙で囲った銀の燭台を一寸覗いたときにトエの顔は紅色のネガになって輝きました。燭台をまんなかにして中尉さんとトエは少しななめになって坐り、冷くなったお魚の御馳走を黙って眺めていました。中尉さんはお魚はあんまり好きではありませんでした。

「トエ」

ぽつんと中尉さんが呼びますと、

「え」

それまで眼を落していたトエは中尉さんの眼を見ました。そして彼女の運命をよみとったのです。

「私は誰ですか」

「ショハーテの中尉さんです」

「あなたは誰なの」

「トエなのです」

「お魚はトエが食べてしまいなさい」

トエは笑いました。トエは娘らしく太っていました。いたずら盛りの小娘のように頑丈そうでした。ただ瞳がいくらかななめを見ていてたよりな気でありました。その瞳を見たときに中尉さんは自分が囚われの身になってしまったことを知りました。

やがて、にぎやかな羽子板星が東の空に見え初めると、あけがたの金星が対岸ウ島のキャンマ山の頂に輝き出すのに間もないことが分るのでした。

トエが探夜、岬の鼻の危険な海ぎわを歩いて中尉に会いにくる場面がある。中尉は夜半に目覚め、塩焼き小屋の浜辺へ出てトエを待ち受ける。

……トエの来る方向の闇をすかして見ますと潮がひたひたと山際まで来ているのを発見しました。しまった！　と中尉さんは思いました。でもトエは来る！　きっと来る。しかしひどい難渋をしてくるだろう。つと胸がつきあげられ、トエがいとしくてたまらなくなりました。じっとしておれないのです。しかしじっとつっ立っていました。やがてためらい勝ちに浜辺の砂をふむ足おとが近づいてきました。思わず岩のかげにかくれました。その足おとが岩のところに来て、ぎくりと立ち止ると、中尉さんは静かに岩かげから出て、その人かげをしっかり胸に抱きました。トエは黙って抱かれました。汗でうむれて髪の毛のにおいがしました。中尉さんはトエの顔を胸から離して闇の中でながめようとしました。ほの白くほつれ毛が汗で額にくっついていました。中尉さんが両手でトエの目もとをさぐると指がぬれました。そしてにわかにあついしたたりを指先に感じました。何だかズボンのあたりがつめたいので、トエのからだをさぐると腰から下がびっしょり濡れているのを知りました。びっくりしてよく見ると、腰のあたりに海草がくっついていました。トエがどんなにしてここまで来たかがよく分りました。胸がしめつけられるように痛みました。足もとを見るとトエははだしになっていました。そしてあちらこちらに血がにじんでいました。中尉さんは自分のからだでトエをあたためてやろうとしましたが、トエのからだはなかなかあたたまりませんでした。……

そのあと、中尉のもとへ特攻隊「出発用意」の命令が届く。中尉は五十一人とともにすべてを用意し、最後の命令と死を待つばかりとなる。ところが、どうしたことか、その夜いつまで待っても「出発」の命令は来なかった。この小説は、トエの側からその日の夜明けの眺めが語られておわる。

「あたりは一枚一枚ベールがはがされるように明るくなって、岬の緑、海の青がさわやかな空気の中ではっきりとその姿を現わして」くる。恋する中尉が無事に生きて迎えるはずの朝の眺めがひらけていくのである。

「島の果て」の少し前の作品に、「孤島夢」という短いものがある。こちらは夢の話で、部下とともに戦闘艇で広い海を乗りまわすうち、小さな砂丘の島へ入りこんでしまう。「私」はそのへん一帯の島嶼《しょ》の「守護者」のように見られている。「私」はひとり島を歩いて小さな部落を見つける。そこの住民はすべておばあさんで、しかも皆しわだらけの顔にうすい口髭をたくわえ、ほがらかに笑い、わからないことばで騒がしくしゃべっている。

……私は大へん得意で、この珍妙な口髭を生やした女ばかりの島を何とかしてペンとカメラで我々の列島に紹介しなければならない欲望と優越を感じた。だが私はその頃の兵隊言葉で謂う所の「娑婆」とは完全に絶縁された身分と運命にあることを思った。そうすると私は底なしの絶望に襲われたのであった。私はこの島は必ず近い中に濤に洗われて此の世の中から姿を没してしまう予感がした。そうではないまでもこの島はいつも同じ経度と緯度の上にあるものではないということをはっきり予知した。……

同じその「絶望」の思いから生まれた愛が「島の果て」で語られるわけだが、そこではいわば夢のなかの口髭をはやした陽気なおばあさんが、若くて純粋で一途なトエに変わって、島の「守護者」の愛が童話ふうに純化されているのだといえるにちがいない。

ここまで見てきて、「愛」というものの一種特別な性質は、戦争のような特殊な状況下で生まれ出たり、あるいは多分に観念的につくられるものだったりするとすれば、もっとふつうの「愛」はあり得ないのか、ごくふつうの現実における「愛」を語ったものはないのか、と問われることがあるかもしれない。もちろんそういうものがないわけではない。なかなかむつかしいが、それをうまくやったものがあると敬服の念をおぼえる。

野呂邦暢《くにのぶ》「恋人」は、「わたし」と年上の女の関係を、二つの別々の愛の交錯をとらえるように語ったものである。「わたし」は五年間その「女」を思いつづけてきたのだが、「女」はというと、妻子もちの「彼」を十年ものあいだ思いつづけている。その「女」と「わたし」がつきあって五年たち、「女」はようやく「彼」をあきらめ、「わたし」とは別れて、アメリカ・キャリフォルニアへ渡ろうとしている。「わたし」と「女」が長崎らしい港の夜の遊覧船に乗って話しあううちに、そういう事情がはっきりしてくる。

二つの「愛」はどちらも片思いに近い。「わたし」は「女」とつきあいながら、もう一人の男に対する彼女の愛が浮き彫りにされるような瞬間を目にする。「女」はじつは「彼」とはキスひとつしたことがないのだが、「わたし」が彼女とキスをして「壁と接吻したような気がした」とき、彼女の顔はふだんとは違って見える。街を歩けば人目に立つ色白の美女の顔に、あきらかに片思いの十年が刻まれていたのである。


……街燈がありその光の下で立ち止って女はわたしを見上げた。蒼白い光を真上からあびた女の顔は驚くほど老けこんで見えた。頬がこけ、そこが影になって目のまわりに濃い隈《くま》が出来ていた。昼も夜も明るい光の下では気づかなかった小皺が一つずつはっきりと見えた。わたしは分った。このとき初めて胸の奥深い箇所で、女の男に対する思いの強さを納得したように思った。

「わたし」は彼女をホテルへ誘うつもりで、「意外なものに直面したと思ってたじろ」ぐのだが、それでも「わたし」の愛が弱まるわけではない。むしろ逆に、「女に対するわたし自身の思いもつのった」というふうに語られ、あくまでも二つの「愛」の奇妙な交錯を読ませる話になっていく。

二人の五年間のつきあいは、「わたし」がガイド役になって、長崎と思われる街を隅々まで歩きまわるようなつきあいだった。「五年間というものわたし達はこの港町を探索したのだ。行かない街、通らない路地はないはずだった。どこの角を曲ればどこへ出るということも知りつくした。女だけがわたしには未知の領域なのだった。」

「女」が思いきれない「彼」は、「家庭をこわすのはまっぴら」だから、早く年下の男（わたし）と結婚しろという。「女」は「わたし」にそう伝えながら、不安な心でアメリカへ渡る自分の背を押してくれないかという。来週飛行機に乗るというのに、「女」はまだ迷っているのである。

どちらも片思いのような「愛」が、二人の人物をがんじがらめにしているが、「女」はそこからアメリカへ逃れようとし、「わたし」も重苦しさに耐えかねて、そんなこととは無関係に屈託なく生きている十七、八の少年を見ながら羨ましく思ったりする。「そういう人生もあるということに気づいて、今さらながら目の醒める思いが」するのである。

にもかかわらず、「わたし」はそこから脱け出せるときがほんとうに来るとは思えない。末尾の文章はこうなっている。

わたしには分った。遠からず女が帰って来ることが。そしてわたしがまたきょうと同じように女と二人で街をさまよい歩くことが予想できた。港内遊覧の船に乗るかも知れなかった。彼の話をしながら。わたしはこの瞬間、死ぬほど女を愛していた。

「恋人」は二十五枚ほどの短い小説で、そんな小さな器《うつわ》に巧みに「愛」の重苦しさを詰めこんだ力わざに感心させられるが、同じ作者の「水晶」はその倍くらいの長さのもので、「愛」というより、もっとふつうの日常的な性愛の関係が語られている。

おなじ長崎のような街を台風が襲う夏の終わりの日、「男」は中絶の手術を受けた「女」をかかえてアパートへ帰ってくる。夜に入って風雨は激しくなり、二人は停電の夜を明かし、台風一過の朝がくる。「女」は海辺の古びた町の両親の家へ、動きはじめた列車に乗って帰っていく。「彼」は「女」を送って途中までついていく。

この小説にも、キャリフォルニアへ行った女の記憶が語られている。それは苦しい「愛」の記憶だったが、いま女の影像が甦っても、それは「女と別れた頃の彼を苦しめた鋭さを持ってはいなかった。彼は昔の女との間に生じた距離を正確に測ることができた。」

女と別れた「男」と新しい「女」との関係は、今度は一転して、もっと日常的なありふれたものになっている。「女」の不安や我儘や気まぐれはあっても、何か激しいものが噴き出すわけではない。「男」は「女」が眠っているあいだに街へ夕食をとりに行き、ひとりになった体に精力がみなぎるように感じたりするが、「女」との場面ではおおむね辛抱強くふるまっている。「中絶」についても「仕方がないさ」と突っ放したいい方をして「女」に泣かれる。

総じて二人の関係は、多少起伏のあるふつうの生活場面そのものだともいえる。それが台風の夜と台風一過の朝の自然との関係でうまく生かされている作品である。

「男」は実家へ帰る「女」を駅へ送っていき、暑くなってきたので彼女のために麦藁帽子を買う。「女」はその黒いリボンのついた帽子が気に入らない。次にそこのやりとりだけ引いておきたい。

「どうしてあたしのサイズわかったの」
「店員がこれが普通の大きさだと言ったんだ」
「サイズはこれでいいけれど、女はね、よく選んだ帽子が欲しいの、どんな安物でも自分で納得のゆく物を買いたいの」
「勝手にしろ」
「それが女の生活というものよ」

これはまたいかにも日常的な、どこにでもある男女の生活場面というものであろう。「水晶」は、「愛」の苦しい執着世界を語る「恋人」のような作品とはあきらかに書き方が違っているのである。

なりわい

人のなりわいというものは、読んでおもしろいものである。人の生業あるいは職業をうまく生かした話は、いつの時代にも喜んで読まれるはずだ。

宇野浩二の大正時代の作品に「子を貸し屋」というのがあった。短篇より少し長めのものだが、人に子どもを時間貸しする商売の話が「子を貸し屋」というおもしろい題になっている。浅草の「銘酒屋」の女たちが店の外で商売する際、警察の目をごまかすのに子どもを連れていくと都合がいいのだという。五十代なかばの佐蔵という男が、育てていた六歳の男の子を知らず知らずそんな女に貸してしまったことから、心ならずもそれが彼の商売のようになる。当時の浅草世界の人情ばなしがのびのびと展開する小説である。

佐蔵は売れない団子屋だが、その前はラシャの小ぎれで安物の子供靴をつくる商売をしていた。ミシン職人の太十が子連れで住みこんでいた。太十はやがて死んでしまい、残された子どもを佐蔵が育てるうち、銘酒屋街の「子を貸し屋」になってしまう。「子供を持つ親は滅多なところへ住めない」という話になっているのである。

自然主義リアリズムの名手徳田秋声は、冴えた技巧で人のなりわいを活写して、のちの作家たちに少なからぬ影響を与えたが、秋声のあとを継ぐような仕事を残した人に林芙美子がいる。

小説としては短篇「風琴と魚の町」が処女作になった。各地を行商して歩く一家のなりわいが少女の目で描かれ、描写の鮮やかさと独特の詩情によって強い印象を与える。いま読んでも少しも古い感じがしない。次作の「清貧の書」では、前作の少女が上京後あらゆる苦労をなめ、奔放に暮らしたあげく、ようやく手に入れた平穏な生活が語られる。画家を目ざす青年との貧しい新婚生活である。

林芙美子が小説家として一段とうまくなるのは、昭和十年の「牡蛎《かき》」のころからだ。「牡蛎」は、まだ三十を過ぎたばかりの女性の筆とは信じがたい練達の作で、主人公の「袋物職人」周吉のなりわいが、豊富な細部を生かして活写されている。彼の暮らしの隅々まで、作家の目が行き届いて抜かりがない。

周吉は駄物《だもの》専門の職人で、下宿屋女中のたまと暮らすようになる。たまが女らしい生活力を発揮するのに対し、周吉は神経質で小心で、市電に乗るのさえ不安がるノイローゼ気味の男である。「脳が悪い」ので根がつづかず、仕事のはかがいかない。もっとましな仕事がしたくても意力が湧かない。

たまと一緒になったばかりのころ、袋物問屋から仕事をもらって帰ってきた周吉の姿が描かれる部分を次に引いてみる。

夕方、たまが走って持って来たのであろう、押入れの前の膳の上には大根と鰯の煮つけが置いてあった。周吉は膳を洋燈《ランプ》の下へ運んで来て神経質に煮つけの匂いをいつまでも嗅ぎながら飯を食った。飯が済むと、膳を押入れの中へ入れ今日貰って来た仕事包みを開けてみた。柔らかいすべすべした茶色の革がしんなりと手のひらにこころよかった。鼻の先きに持ってゆくと洗った馬のような匂いがした。周吉は新小牛《ぎゅう》の柔らかい肌を自分の頬に当ててみたが、こんな駄物職人では仕方がないと、美濃田で見せてもらったあの金唐革の金粉の色が眼にちらついて仕方がなかった。周吉は小抽斗《こひきだし》から断ち物庖丁を出して刃先きをちょっと頬に当ててみてから、拡げた新小牛のはしを細く刻んでみた。凸凹《でこぼこ》だらけの汚れた仕事台に新らしい疵《きず》がついた。細く刻んだ奴を、また細かに刻んでみたが、周吉は刻みながら、ぶるっと胴震いが来た。革の切れてゆく先きの音が、すうすうと云った。刻んだ革の上に鼻を持って行くと、たまが汗ばんだ時の髪の毛のような、そんなむせた匂いがする。周吉は前掛けで庖丁を丁寧に拭いて抽斗にしまった。

その後周吉の神経はおかしくなっていく。二人の暮らしは行きづまる。たまはいなくなるが、房総半島の一の宮で働いていることがわかる。酌婦になったらしく、まとまった金を送ってくる。周吉はさっそく一の宮へ会いに行く。

……一の宮には夕刻着いた。たまの居る千石と云う料理屋へ這入って行くと、たまは吃驚《びっくり》するほど白粉を塗りたくった顔をして下品な髪を結っていた。二階の陋《せま》い部屋へあがると、たまはすぐビールとカツレツを註文して、自分でビールを綺麗にあけてしまった。周吉はカツレツを食べながら、「当分、どんな事をしたって気分はよくならないのだし、こんな処へ居たって仕方がないから東京へ帰っておいで」といったが、たまは笑っていて心から応えてみせなかった。畢竟《ひっきょう》は、自分が働きがないからだと、怒りもされなかったが、「女中と云っても、ただの女中ではないだろう?」と厭味をいってみたりした。こんな処で金をつかうのは莫迦莫迦《ばかばか》しいからと云って、たまはビールとカツレツの代を自分の財布から出して帳場へ払って来ると、客を送って行く風をつくって、たまは、周吉を海辺の方へ連れて行った。九十九里の浜辺は暗くて寒かった。波の音は地鳴りのように、遠くなったり近くなったりしている。豆を洗うような音にきこえた。波打ぎわまで八九町もある砂浜を歩いて、袂《たもと》が切れるような浜風の中を、二人は大声で話しながら行った。(略)

「今夜はあそこの宿屋へ泊って行きなさいね」

砂丘にかたまって三ッ四ッ燈火がついていた。「お前も一緒なら泊る」と、周吉が不意にたまの腕を取ると、「忙がしいから泊れないのよ、ちょっとだけなら寄るわ」といって、たまは周吉の帯に手を廻して、周吉が、「お前は本当に、ただの女中なのか」といいかけるたびたまは手で周吉の胴をきつく締めた。胴を締められるので、ものをいうたび言葉がしゃっくりのように杜切《とぎ》れて、周吉もたまも素直に笑い出した。

徳田秋声ふうに、庶民のなりわいを鮮やかに描きだす小説は、読むほうが作中人物の暮らしの細部にとりこにされていくようなところがある。日常の片々たる些事に深入りして抜け出せなくなるような、際限もなく読みつづけてしまいそうな、ちょっとクセになるおもしろさがある。「牡蛎」でも、淡々とした語りが読み手をとりこにしていくが、みごとなのは、神経過敏な周吉の、影が薄いような、病的に淋しい姿の描き方である。一の宮から帰京した彼が、前に二階借りしていた家をぶらりと訪ねる末尾の場面がみごとに決まっている。周吉は家主が大事にしてきた金魚の「蘭虫《らんちゅう》」を突然つまみあげ、立派な尻尾を破ってしまう。彼は執拗に蘭虫を追いまわす。そのいかにも唐突な、気がふれたようなふるまいが、そのあとの、「十一月の末のひどい風埃の中をもぐるように急ぎ足に」帰っていく彼の姿と重なって、強く印象づけられる終わり方になっている。

林芙美子は、戦後の短篇でも、焼け跡の東京の庶民の暮らしをさまざまに描いている。「下町《ダウン・タウン》」は、故郷の静岡のお茶を売り歩く女と、鉄材置き場の番人をしている男との短い出会いの物語である。男はシベリア帰りで、女の夫はまだシベリアから帰ってこない。二人が関係をもったあと、男はトラックに乗っていて鉄材もろとも川に落ちて死んでしまう。そのことを聞かされ、女は「涙が噴いて眼が痛くなるほど泣」く。が、すぐにまたお茶の行商をつづける。「淋しみをまぎらすために、りよは誰も買ってくれなくても、一軒ずつ戸口に立つのが面白かった。

乞食よりはましだと思った。」彼女は夫ではない男の子どもをはらんでいるかもしれないのだが、「りよの良心は案外傷つかなかった。鶴石を知った事を悪いと云った気は少しもなかった。」

「晩菊」は、林芙美子の短篇の書法をきわめた傑作である。五十六歳になってもなお「匂うばかりの女らしさ」を残している元芸者の話で、彼女は戦時中恋仲だった「親子ほども年の違う」若い男と戦後再会する。復員後事業をはじめて羽ぶりがよさそうだった男が、金に困って女を訪ねてくる。「外は嵐がごうごうと吹き荒《すさ》んでいるのにさ、君ばかりは何時までたっても変らない……不思議な人だよ」「ここは別世界だものね」と男はいう。「いまの世は、あだやおろそかには暮せない。喰うか喰われるかだ」『あぶない綱渡り、耳鳴りがする位辛い金を使っているんだぜ」

女は小金をためて、唖の女中をひとり置いてひっそりと暮らしている。戦中戦後の混乱をつうじて、その美しさを武器に男たちとかかわりつづけた女の生活は、みごとに一貫して変わらない。一方、男は時代に翻弄されてきた。彼は戦後の社会で七転八倒し、そんな女にすがってくる。女は「百年の恋もさめ果てる」思いである。

どうしても金が欲しい男は、目の前の女に殺意をいだく。女は自分でホルモン注射をし、ヒロポンを飲んで立ち向かおうとする。昔の「焼きつくような恋」の「焼跡」に、すさまじい気迫で向きあう男女の姿がある。敗戦後の東京の、「喰うか喰われるか」の生活場面で裸にされていく関係が描かれるのである。

佐多稲子の短篇では、働く女性の姿が印象深い。どの作品にも暮らしのなかの女がいる。戦前から戦後へかけての日本人の暮らしがあり、女たちの労多いいとなみがある。いまとは違う時代のなりわいが描かれ、その現実感がていねいに生かされている。

昭和三十七年の作品に「水」や「かげ」がある。「水」の主人公の幾代はこんな娘である。

まだ二十歳にもならぬ若さだがあたりかまわず働いていることがひと目で分るような小さな、こりんとした顔だ。それが泣き濡れていよいよ頼りなくまずしげに見えた。この春の日なかに、駅のホームにしゃがんで泣いているということ自体、頼りなくまずしいことにちがいなかった。

幾代は神田小川町の旅館に住みこんで働き、団体客の五十人分の食器を洗っているときに、「ハハキトクスグカヘレ」の電報を受けとる。次の「ハハシンダ、カヘルカ」の電報でようやく仕事を抜け出し、上野駅へ駆けつける。汽車を待つあいだ泣きどおしに泣く幾代の悲哀の感情が語られる短い小説である。幾代は左脚が短いのを引け目に感じながら、勝気にがんばってきた。だが、母に死なれてまったくひとりになり、「彼女の身体の悲しみの重さを、ひとりで背負ってゆ」かなければならない。その幾代が身体を揺らして歩き出し、水道の水が出しっ放しになっているところを通る。

幾代は、悲しみを運んでそこまで歩いてきた。顔を上げているので、瞼をあふれた涙が頬に筋を引いた。が、幾代は、水道のそばを通り抜けぎわに、蛇口の栓を閉めた。音を立てて落ちていた水がとまった。が、幾代は自分のその動作に気づいてはいないらしかった。それは無意識に行われただけだった。列車は音を立てて出てゆき、明るくなったあとに街の眺めが展《ひろ》がった。が幾代は、再びもとの場所にもどってしゃがみ込むと、今までと同じように泣きつづけた。その場所に、さえぎるものがなくなって春の陽があたった。

幾代の生活の習慣が無意識のうちに出て、水を止めたこの場面で「水」という小説は終わっている。旅館の下働きという最下層のなりわいにせよ、ともかく母へ送金もしていた娘が、駅の群衆のなかでただひたすら泣きつづけるという話になっている。

一方、「かげ」のほうの良枝は、日本橋へんの小さな料亭で女中をしているが、以前は銀行に勤めていた。教育もあって、「水」の田舎娘よりずっとましな暮らしである。申しぶんのない働きぶりで、女主人にも気に入られている。客からも縁談が寄せられる。だが、そんなときに、良枝の「かげ」が浮かび出る。気になる暗さがある。

次の朝起きたときから、良枝は終日沈んでいた。仕事の上ではいつものとおりはきはきと働きながら、女主人と視線の合うのさえ避けたように暗い顔をしていた。女主人は良枝のその暗さに気づいていた。万事に申分のない良枝なのに、ときどきこんな暗さを見せるのだけが悪いくせだった。何か憤っているのか、とおもうが、いつかまた元に戻っている。この頃では女主人は、良枝のそういう気の変りようを、女の身体のせいかとおもうようになっていた。それに良枝ももうすぐ三十歳になる。しかしそうおもいやってみても、ときどき見せる良枝の暗さは、女主人にとっても気が重かった。

それでも、縁談を持ちかけてきた相手が客に来ると、彼女はふと「鼻筋を立てたように張りのある表情」を見せる。

脇田の席で、女主人はまた良枝に目を見張った。酒肴を運んできた良枝は、さすがにいつもより改まっているのは当然だが、その改まりようの中に、きらきらとした女っぽさを見せた。まなじりもいつもより吊ったように見え、取り澄ましながら身体中の線が微妙に撓《しな》った。それは安っぽい媚びではなくて、むしろ孔雀がびりびりとふるわせて精いっぱいに羽根をひろげたというふうに見えた。ふだんも見栄えのする顔だったが、どうかするとわざとのように化粧もしない良枝が、今までは隠していたというようなきらめきを見せた。まるで良枝は脇田たちや女主人にむかって、自分の美で挑んでいるようでさえあった。だから彼女は、自分でもはっきりそのことを意識しているにちがいなかった。

どこか「かげ」のある良枝にそんな「華やいだ昂ぶり」の瞬間があり、実際彼女は縁談に乗りかけていた。ところが、その昂ぶりの最中に、「どうしても、私、駄目なんです」と断らなければならない事態が起きる。強盗殺人未遂で刑に服していた彼女の弟が、とつぜん出所することになったのである。良枝は店をやめることにし、仙台まで弟を引きとりにいく。姉と弟が仙台のうどん屋で五年ぶりに話す場面がある。予科練帰りで荒れていた弟は、東京の魚河岸の荷揚げに職を得て働きはじめる。

良枝は縁談がこわれてから、仙台の拘置所に旦那さんがいたのかと人に聞かれ、「まさか。弟なのよ」と明るく答える。「ふっと気張っていたのが解け、肩が軽くなったような気がした。」

彼女はアパート暮らしを始めるが、結局料亭はやめずに「その後もずるずるに働いていた。」弟の事件で姉も身を落としたように生きながら、いつしかそのひっそりとしたなりわいが身についていたのかもしれない。日本橋から京橋へかけての横丁に、企業の活動を支える小さな料亭や旅館がまだたくさんあった時代の話である。

向田邦子は、佐多稲子よりずっと若いが、やはり戦前から戦後へかけての日本人のなりわいをリアルに描いている。小市民的ななりわいのなかの男女、夫婦、親子の姿を浮かびあがらせる。多くがサラリーマン家庭の話で、その古風で地味な生活感覚がなつかしいようだ。

「思い出トランプ」と総題のついた十三篇は、高度成長で社会が変わってしまう前の、昭和三十年代ごろまでの中流家庭の地道な生活を振り返らせてくれる。「なりわい」といっても、仕事そのものが書かれることはない。生活する人々の日常的なかかわりが活写される。十三の生活舞台が、実際にそうであるはずの狭さをそのまま伝えて、真実味十分に生きているのである。

発表は昭和五十五年から六年にかけてだが、書かれているのは二十年くらい前の話であろう。作者はおそらく、この十三篇を意識的に過去の物語として書いたのにちがいない。それが「思い出トランプ」という総題の意味であろう。ちょうどトランプ遊びのように、十三の過去の情景をシャッフルしたり、一枚一枚めくったりする読み方ができるはずである。

戦前、マルクス主義の運動に加わった作家が、のちに転向して市井の庶民のなりわいを語るということがあった。たとえば武田麟太郎は、もっぱら転向後の「市井事もの」の作者として知られている。

昭和七年の「日本三文オペラ」は、「広告軽気球」つまりアドバルーンが、震災後の東京の空にあがっている「近代的な都市風景」を語りながら、浅草の貧しい木造アパートの住人のなりわいへと読者の目を導いていく。アドバルーンの綱が結びつけられているのは、その三階建てアパートの、「ハイカラな球とは似つかない、汚い雨ざらしの物干台」なのである。アパートの主人が、「東京空中宣伝会社」の代理人として、毎日アドバルーンをあげたりおろしたりしている。

その主人の生業はひとつではなく、アパート経営のほか古道具屋、周旋業、日歩貸《ひぶがし》の「手軽金融」などをしている。アパートの住人の多くは、歓楽街としての浅草公園や遊廓吉原で働く下積みの人びとである。彼らのなりわいには男女間の痴情がからんでくる。作者はその様子を、いわばアドバルーンの上から覗くように書いていく。

翌年の「市井事」は、左翼の運動に従う小説家の家へころがりこんできた組合活動家の話である。小説家は騒音がうるさい「牛骨玩具製造所」の隣りにお花という手伝いの娘と住んでいるが、組合活動家中山を経済的に助け、お花があれこれ世話を焼くという関係になる。非合法な活動にうち込んでいる中山は多忙だが極端に貧乏で、餓えている。その中山がお花と親しくなり、二人は一緒になる気で小説家石田の家を出ていく。お花は中山の活動資金をつくるため身を売る決心をするが、次に引くのはお花が汁粉屋でそのことを中山に告げる場面である。

磨硝子《すりガラス》を通して、昼すぎの白っぽい光が、汚れた彼の顔の垢《あか》を浮かしてみせ、眼は充血して、眩《まぶ》しげに細められているのを、お花はしばらく眺めていた。それから、じゃアね、ここだから、と所書を帯の間から出して渡し、ああ、そいから、わたしが、こんなところへ行ったこと、けっして石田さんに言っちゃ、いけないよ、と言うのであった。すると、もうきまったのか、とやっと中山は言った。まだ、だけどたぶんだいじょうぶ、そう言うと、彼女はじっとしていられぬ気持になり、きゅうに立ちあがって、おいくら、と大理石のテーブルの上へ金を置き、埃っぽい風の吹くアスファルト道に出た。

中山の属する組織は個人的な生活を許さないので、お花と事実上夫婦になっても、ほとんど一緒にいることはできない。そのうえ、お花が身売りをし、中山が活動のため遠くへ行くので、いよいよ離ればなれになってしまう。

遠くへ出発する前、中山はお花が住みこんだ荒川放水路上流の小さな町を訪ねていく。二人は堤防の草原で会い、お花は紙包みを中山の掌にのせてつかませ、「これが約束の、わたしの身代金よ」といって泣く。日が暮れていく堤防の場面で終わるこの小説の題は「市井事」である。

個人の生活が許されない活動家の姿を、きわめてわびしい生活場面でとらえる書き方になっている。若い中山の鬱屈と貧窮と疲労が描かれる。左翼の運動というものを、地を這うような垢まみれのなりわいとして語る小説である。明治の自然主義以来の書き方だといっていい。

武田麟太郎とおなじ大阪出身の織田作之助は、武田より少し若く、武田らの世代が左翼の運動に挫折するのを少年時代に見ていた。彼は「思想」に情熱が持てなくなったといい、「左翼の思想よりも、腹をへらしている人間のペコペコの感覚の方が信ずるに足る」(「世相」)という立場で「市井事」に徹する小説を書いた。

処女作「夫婦善哉《めおとぜんざい》」(昭和十五年)の書き出しを見よう。

年中借金取が出はいりした。節季はむろんまるで毎日のことで、醤油屋、油屋、八百屋、鰯屋《いわしや》、乾物屋、炭屋、米屋、家主その他、いずれも厳しい催促だった。路地の入口で牛蒡《ごぼう》、蓮根《れんこん》、芋、三ツ葉、蒟蒻《こんにゃく》、紅生姜《べにしょうが》、鯣《するめ》、鰯など一銭天婦羅を揚げて商っている種吉は借金取の姿が見えると、下向いてにわかに饂飩粉《うどんこ》をこねる真似した。近所の子供たちも、「おっさん、はよ牛蒡《ごんぼ》揚げてんかいナ」と待て暫《しば》しがなく、「よっしゃ、今揚げたアるぜ」というものの擂鉢《すりばち》の底をごしごしやるだけで、水洟《みずばな》の落ちたのも気付かなかった。

こんなふうに登場するのは、女主人公蝶子の父親の種吉である。やがて娘の蝶子とその夫柳吉の話になる。柳吉は化粧品問屋のぼんぼんだが、芸者をしていた蝶子と馴染んで勘当され、妻子を捨てて事実上の夫婦になったのである。その夫婦のいかにも大阪風のなりわいが、全篇にわたってくわしく語られる。なりわいの話がどこまでもつづく。

蝶子がヤトナ芸者に出て稼いだ金で剃刀屋《かみそりや》とか関東煮屋とか果物屋《あかもんや》とか、いろいろ店をやってみるが長つづきしない。柳吉は商売に飽きると放蕩して金をつかい、蝶子はその都度怒り狂って「折檻」するのである。蝶子は甲斐性なしの柳吉を何とか一人前の男にしようと必死で、自己犠牲もいとわないのだが、その点武田麟太郎の「市井事」のお花もおなじで、大阪人の二作家が似たような性格の女を書いているのがわかる。

織田作之助は「世相」という小説のなかで、自分が「地名や職業の名や数字を夥《おびただ》しく作品の中にばらまく」書き方をするのは、「これだけは信ずるに足る具体性だ」と思うからだといっている。「夫婦善哉」の夫婦の生活には、戦前の大阪の地名がびっしりからみついていて、それが話の厚みをつくっているともいえる。B級グルメの柳吉が食べ歩く「うまいもん屋」の名がたくさん出てくるのも、大阪小説らしい面白さである。

小島信夫「階段のあがりはな」は、昭和四十一年の作だが、「市に電燈がともるようになってから、何年もたっていない頃」の話である。市というのは岐阜らしい。「階段のあがりはなのところに、彼の母が坐りこみ、泣いていた。」七歳だった「彼」は、「泣いてござるがな」と、「姉か兄にいったとおぼえている。」

この小説は、大正のころの地方都市の庶民のなりわいをほうふつとさせる。生活のにおいの濃い小世界が描かれている。「彼」の父親は仏壇の修理士で、十六歳の姉が母を助手にして家の座敷で髪結いをしている。髪結いにくる女たちは、母や姉と品のわるい話をする。家の前は傘張屋で、線路わきには鉄道官舎があり、青物市場の小屋では大勢の人がタダの浪曲を聞いている。父の前妻の息子は傘の仕上職人だが、何度も親方を変えては転々としている。

父と喧嘩をした母が泣いて家を出ていく。子どもたちが探しにいく。鉄道線路と川のへんを探しまわる。母は家の近くの木立の蔭に立っていた。家では、胃の悪い父が、牛鍋をつくってひとりでヤケ食いをしたあげく、うつぶせになって唸っている。ヒゲの医者がくる。母は家へ帰っても二階に隠れたままである。父と母は歳が十五も違っている。

姉が二階で寝る頃になると、母はようやく階下へおりてきて、奥の部屋の土間の反対側の狭い縁に腰をかけて、ひかえめに茶漬をかきこむ音をさせた。それからそっと着物をぬいで、彼の横のところへもぐりこんでくると、大きな溜息をつき、口をもぐもぐさせた。漬物の端くれでも口の中に残っていたのかもしれない。母の乳首にさわろうとすると、母はその手をふりはらった。そこで彼が「おとっつぁん、あのままでええのか」というと母はこたえなかった。父の捻り声で彼は夜中に眼をさました。一晩中唸っていたものと見える。

（略）

夜中に母は手洗に立ってそのまま向う側に入った。しばらくすると母の声がきこえた。

「ほんで罰が当ったんやわな。もうたわけたこと思いんさるなよ。ええなも、ほんとにええなも。

医者代損するだけやんな」

「もう、どっちでもええわ。さすってちょう。わしはわれより十五年は早よう死ぬんやで」

岐阜人である父が、「ちょう」と名古屋弁をまぜるときには、いくぶん機嫌がなおったあらわれであった。

「うるさいな、寝られへんがね」と彼はいった。


この一家のなりわいは、くわしい説明抜きで、ごく少ないことばで、みごとに描き出されている。鉄道線路のそばの職人一家の暮らしは、たくさんいる「彼」の姉のひとりが遊廓に出ていたというだけで、大よその見当がついてしまう。地べたにへばりつくようななりわいの細部が、ひとつひとつ、端的なことばで拾いあげられる書き方になっている。ほとんど細部だけをつないでいくような書き方である。

過去の時代の庶民のなりわいは、さまざまな作品に生かされて、いまの小説にないおもしろさを生んでいるといえるが、水上勉「リヤカーを曳《ひ》いて」は、「戦中派の庶民にとって」昭和二十年八月十五日が何であったかを語った短い作品である。戦争末期、「私」は東京から若狭の田舎へ帰り、小学校の助教をして暮らす。月給は闇米三升も買えない額だ。東京で焼け出された友人一家が疎開してくるのを引き受けてやるが、友人山岸は三日後に召集令がきて出征していく。残された妻子は、「百姓の子でさえが喰わない泥ガニだとか、川エビをとって」食べるような暮らしになる。あげくに山岸の妻はチフスにかかり、隔離しなければならなくなる。

村人とのあいだに悶着の絶えなかったその厄介な病人をリヤカーに寝かせ、若狭の海辺の道を小浜まで運ぶ道中が語られる。「私」と父親がリヤカーを曳いて、炎天下の四里の道を行くのである。

大工の父親は、職業柄、痔を悪くしている。リヤカーを曳くのに力を入れると痛くてならない。「坂へくると、頭《こべ》を出しよる」とつらそうである。崖の上で休息するとき、父親はうしろ向きにしゃがんで、指につばをつけ、「出物」を押しこめる。その姿のむこうに、若狭の美しい海がひろがっている。それがたまたま八月十五日の正午ごろのことであった。「天皇の詔勅をきかなかった私は、終戦のことを知らなかった。」のである。

竹西寛子「兵隊宿」は、やはり戦時中の話だが、こちらは貧しい庶民ではなく、中流家庭の「銃後の暮らし」が語られる。たぶん広島の宇品のような港町。一家は「乗船待ち」の出征軍人の宿を割り当てられる。会社の経営者らしい父親は工場へ出ていて、母親と手伝いの小母さんが将校や兵隊の世話をする。十歳くらいのひさし少年が彼らに近づく。

小母さんは、「兵隊宿をすると、洗濯物が増えるのと、家の中で軍靴の臭いがするのをいやがり、「あの馬鹿将校が。」というふうによく腹を立てる。だが母親は、宿を割り当てられることにも、将校らのふるまいにも、決して文句をいわない。死が待っているほうへ船出する彼らを思うと、胸が塞がれる思いである。

少し前までは、家は工場の人たちが正月餅をつきにきたりして賑やかだったが、いまではそういうことも自粛している。小母さんがひとりで足踏みの餅つきをして、わずかに草餅をつくったりする。

父親は、家にいるときは、一畳ほどもある大きな坐り机の前に坐って、抽斗から外国切手のコレクションを出して眺め、「新しい切手を見るか?」とひさしにいい、切手を一枚一枚ピンセットでつまんで白い紙の上にひろげて見せる。戦時中も外国への思いがささやかに生きているのである。彼は絵が好きなひさしに、毎日きちんと一枚ずつ、抽斗のなかの画用紙を与える。ひさしは、将校たちが乗る馬の絵をかくのに夢中になる。

作者は、戦局が完全に行きづまる前の、まだまだ静かな「銃後の暮らし」をきっちりと描き、地方の中流家庭の地道さや真面目さや穏やかさを浮かびあがらせる。何でもない細部のひとつひとつが、ほとんどあの時代のエッセンスを抽出するように生かされている。

戦時の子どもの日常のなかに、馬に乗った三人の将校が現れる話である。彼らは戦地へ発つ前、神社へ参拝しにいき、一日ひさしを連れ歩く。別れの儀式のような一日がある。ひさしにとって、三人の将校と三頭の馬との別れは、子どもが「新たな感情の世界」をはじめて知った忘れられない経験になるのである。


梅崎春生「蜆《しじみ》」には、敗戦後の焼跡闇市時代のなりわいがある。猛烈に寒い冬の電車のなかで、酔った男同士が外套の「貸し借り」をする。実際は貸し借りではなく、片方が「やる」といい、もう一方が「もらう」という関係なのだが、二人は何度か出会い、外套の持ち主が入れ替わる。外套を「やる」といったほうは、次には相手からそれを剥ぎとり、奪うということになり、自分の外套なのに盗品を身につけるような気持ちになってしまう。

その外套は、柔かい毛の上等なもので、もちろん戦前の品物である。モノのない時代には貴重この上もない。男の祖父が撃ち取った鹿の骨でつくったという六角形のボタンがついている。

外套の持ち主の男は、勤めていた会社がつぶれて、暮らしのあてがなくなったのに、行きずりの他人に外套を与えたのである。次に会ったとき、追い剥ぎのようにそれを奪い返した男は、いわば悪事の戦慄といったものを感じる。もともと自分の外套なのだから、それは「擬似の戦慄」にすぎないが、「その戦慄は贋物であったにしろこの俺にはぞっとするほど気持が良かったのだ。」と、のちに彼は告白する。「その感じは、実に俺にとって新鮮極まるものだった。俺は寝ているお前の体から離れて行く時程、足が軽かったことは近来にない。他人の外套を剥いだということが、何故こんなに気持が良いのだろう。それは何故だろう。」

男はその後、超満員の電車で押しあいへしあいしながら、隣りにいた闇屋のおっさんを電車から転落させてしまう。闇屋はドアの閉まらない扉口で人の圧力に抗していたが、男の肩に弾かれて「芋虫のように転げ落ち」ていく。男はそのとき、他人の外套を剥いだ際の「毒々しい喜び」や「荒んだ勇気」を思い返していたのである。

男は闇屋が残したリュックサックを持ち帰る。リュックには蜆がぎっしり詰まっていた。その夜男は、リュックの蜆が鳴く淋しい音を聞く。「リュックの中で何千という蜆が押合いへし合いしながら、そして幽かにプチプチと啼《な》いてい」るのである。

おぼろげながら今摑めて来たのだ。俺が今まで赴こうと努めて来た善が、すべて偽物であったことを。喜びを伴わぬ善はありはしない。それは擬態だ。悪だ。日本は敗れたんだ。こんな狭い地帯にこんな沢山の人が生きなければならない。リュックの蜆だ。満員電車だ。日本人の幸福の総量は極限されてんだ。一人が幸福になれば、その量だけ誰かが不幸になっているのだ。丁度おっさんが落ちたために残った俺達にゆとりができたようなものだ。俺達は自分の幸福を願うより、他人の不幸を希うべきなのだ。ありもしない幸福を探すより、先ず身近な人を不幸に突き落すのだ。俺達が生物である以上生き抜くことが最高のことで、その他の思念は感傷なのだ。釦《ぼたん》を握った死体と、啼く蜆と、舌足らずの女房と、この俺と、それは醜悪な構図だ。醜悪だけれども俺は其処で生きて行こう。浅墓な善意や義俠心を胸から締出して、俺は生きて行こうとその時思ったのだ。

男は結局自分で闇屋をすることになる。闇屋のおっさんの残した蜆を道ばたに拡げると、一時間足らずで売れてしまい、あらたに蜆を仕入れて売りさばくことを始める。職探しがうまくいかず、荒んだ気持ちで「一層のこと闇屋にでもなったろか」と思ったことが、そんなふうに実現するのである。

「善いことを念願せよ。惜しみなく人に与えよ。」と自分にいい聞かせながら生き、「良識や教養」のせいで「闇屋に落ちる」ことができなかった男が、まわりくどい道をたどって「平凡な闇屋」のなりわいに至る話になっている。社会のひどい混乱期に、ありきたりの善行からは決して得られない喜びが、「悪」のほうから自分を支えにくるという感じが語られている。

男が着ていた「郷愁を誘うような毛外套」は、かつて男を養った戦前のよい暮らしの名残りだったにちがいない。それを脱いで見知らぬ他人に与えたとき、すでに彼は過去を捨てて裸になり、戦後社会の闇屋になる道をはっきり踏み出していたのだといえるかもしれない。

ギ・ド・モーパッサンの短篇小説には、十九世紀のフランス人の暮らしがいまも生きている。よく知られた「首飾り」や「ジュール叔父」では、小官吏の家庭の内情があらわにされている。

安月給とりの暮らしはきちきちで、まったく余裕がない。が、ブルジョア社会の一員として、うわべを飾って生きなければならない。「ジュール叔父」のダヴランシュ一家は、日曜日ごとに着飾って、ル・アーヴル港の突堤をそぞろ歩く。「父はフロックを一着に及び、シルクハットに手袋といういでたちで、祭日の船みたいに満艦飾を施した母に、腕をか」し、威儀を正して歩く。結婚適齢期の二人の娘が先頭に立っている。「顔みせに町廻りをしている」のである。

財産がなければ娘の結婚もおぼつかない。アメリカで成功しているらしいジュール叔父だけが頼りで、一家はジュールの帰りを待ちわびている。ところが、そのジュールは落ちぶれて、いつの間にかル・アーヴルに帰っていた。近くのジェルセイ島へ行く船の上で、カキを売っている薄汚い老水夫を見かけるのだが、それがジュールであった。

ようやく下の娘が先に結婚を決め、式のあと、一家はジェルセイ島へ小旅行をすることにしたのである。たまたまジュールが乗っている船へ、知らずに乗りこむことになる。「ジェルセイは貧乏人にとっては、あこがれの旅の理想」だった。ジェルセイはフランス本土に近いのに英国領の島である。二時間だけ「郵船で海を渡り、外国の土地がふめる」というのが、外国旅行などできない階層にとって、いわば最高の贅沢になっていたのだ。

とうとう出発の日になった。まるで昨日のことみたいにありありとその光景が眼に浮ぶ。グランヴィル波止場に横づけになって早くも煙をはいている汽船、あわてておろおろしながら、僕達の荷物の行李三つを積み込むのを監督している父、嫁に行かぬ方の姉の腕をとって、浮かぬ顔をしている母。（略）

汽笛が鳴った。僕達はもう乗り込んでいた。船は、突堤を離れ、緑色の大理石のテーブルのようなたいらな海の上を、沖へ出て行った。僕達は岸が遠ざかって行くのを眺め、いい気持で得意になっていた。滅多に旅行をしない人間がそういう場面に必ずそうなるように。

父は、フロックを着込んだ下腹を突き出していた。その日の朝も、念入りに、しみというしみをふきとったやつさ。そして例の外出日のベンジンの匂いを盛んに発散させていた。僕がいつもそれを嗅ぐとああ日曜日だなと思うあの匂いだ。

（杉捷夫訳）

いわゆるプチ・ブルの一家の遠出のようすが鮮明に浮かぶ。精一杯着飾り、もったいぶった様子をしていても、父親のフロック・コートはしみだらけだし、船の上で生ガキを立ち食いするのにさえ金を惜しまなければならない。一歩間違えば転落しかねない暮らしを何とか保ちながら、文明の利器である蒸気船に乗って得意になっている人たちである。その一家が、船の上で、落ちぶれ老いぼれたジュールの姿を突きつけられるようなことになるのである。

「首飾り」のロワゼル夫人は、文部大臣主催の夜会に出るため人から借りたダイヤの首飾りをなくしたために、人生を狂わせてしまう。十年ものあいだ、借金返済のための貧乏暮らしを強いられることになる。狭い屋根裏へ引越し、女中に暇を出して炊事洗濯すべて自分でやり、毎日ごみを往来まで持って降り、水を下から運びあげる。パリの高い建物の屋根裏部屋である。当時はもちろんエレベーターなどない。

十年目にやっと借金を返しおえると、彼女は貧乏生活が体にしみこんで、はやおばあさんのようになっている。彼女は美人だったので、文部大臣の夜会では人気の的だったし、実際美貌ひとつでどんな出世もあり得たのに、いまではただ「腕っ節の強い、ゴツゴツした、がんこなおかみさん」にすぎない。「人生なんて、ほんとにおかしな、気まぐれなものだ！」しかも彼女の人生は、借りたダイヤがじつはイミテーションだったのに本物と思い込んだために、ただそれだけで狂ってしまったのだった。（新庄嘉章訳）

十年の苦労でおばあさんのようになったロワゼル夫人の顔は、「ジュール叔父」の落魄した老水夫ジュールの顔と同じものである。「僕はその顔を眺めた。運命に打ちひしがれた、悲しい、老いさらばえた惨めな顔を。心の中でこう叫びながら。――これが叔父さんだ。おとうさんの弟の、叔父さんだ！」

もうひとつ、同じモーパッサンの「海の上のこと」を見たい。こちらは一転して、ノルマンディーの漁師の世界である。英仏海峡の曳網船で事故が起きる。ジャヴェル船長の弟が腕を曳網の綱《つな》にはさまれ、切断しなければならなくなる。

「ジャヴェル弟は白痴のようになっていた。仕事着を脱がせて見ると、怖しい光景が現れた。肉がぐにゃぐにゃにつぶされ、血がまるでポンプで押し出すように噴きでていた。」

「彼は自分で切断にかかった。静かに考え考え切った。かみそりの刃のように鋭い刃物で最後に残ったすじをたち切った。と忽ち、肘から先のない腕になってしまった。」（杉捷夫訳）

海峡の海は荒れ、負傷者をのせた船は何日も港へ帰れない。そのあいだにも漁はつづけられる。大漁である。負傷者そっちのけで働く漁師たちの姿が説明抜きでわかる。

ジャヴェル船長は、腕をはさまれた弟が苦しがっても、大金をかけた網を守るために、弟の腕を犠牲にしたのであった。ようやくのこと港へ帰り着いてから、乗組員全員揃って静かに弟の腕の「埋葬式」をする。ジャヴェル弟は船に乗るのをやめる。その後人に事故のことを話すとき、彼は「兄貴はけちだったからな」という。ずっと黙って我慢しつづけた弟のひとことである。

ごく短い作品だが、曳網船の世界が少ないことばで描き出されている。陸にいてはわからない「海の上のこと」が、冴えた描写によって浮かびあがる。ひどい怪我の様子に、読んでいて気分が悪くなるようだ。みごとな描写力だというほかない。

以上、十九世紀小説の例だが、現代の小説でも、貧しげな人間のなりわいが如実に描かれることがある。アメリカの作家で村上春樹が影響をうけたレイモンド・カーヴァーやリチャード・ブローティガンは、どちらも貧しい生い立ちで、アメリカの下積み世界をよく知っている。彼らは村上の小説が触れたがらないものを書くことがある。カーヴァーの短篇「ヴィタミン」は、アメリカ社会の貧しい部分を何ともわびしく伝えてくれる。

夫は病院で夜勤の雑役をし、妻はヴィタミン剤の戸別訪問販売をしている若い夫婦の話である。頑張り屋の妻は、セールスのチーム・リーダーだが、ヴィタミン商売は不景気で、売れなくなっている。疲れきった妻は夫に当たり散らす。「ヴィタミン。明けても暮れてもヴィタミン」。夫はいい加減に働いて、酒ばかり飲んでいるし、妻のチームの女の子たちはどんどん辞めて、いまや二人しかいない。

そのうちの一人ドナと夫の「僕」は、妻の目を盗んでデートをする。黒人地区の店でいちゃついているところへ、ヴェトナムから今朝帰ったばかりだという大男の黒人が現れる。戦場帰りのすさんだ男に二人がなぶられる場面がスリリングだ。男はドナに性の「取引き」をもちかける。それから、銀のシガレット・ケースに入ったヴェトナム人の耳を見せる。「まるで乾燥させたマッシュルームみたい」な本物の耳である。

足が震えるような場面をやっと脱け出してから、性欲もなにも凍りついたようになって、ドナが「あのお金ほしかったわ」といって泣くところが印象深い。不気味な黒人はふくらんだ財布を投げ出してドナを誘ったのである。たぶん、それは戦場を離れるときにもらった手当てが詰まった財布なのである。(村上春樹訳)

若者が雑役やセールスのような仕事をしながら、社会の下層に押しこめられたようになるのは、すでにいまの日本の現実でもある。アメリカのドナや「僕」のような白人は、貧しい黒人たちと肌を接して生きている。そんな世界の荒涼のさまが迫ってくる。まっさきに戦場へ駆り出されるのも、その世界の若者たちであろう。たぶんワシントン州の田舎町の、どん詰まりの暮らしのやりきれないわびしさが、その生活臭が、鼻先に感じられるような小説である。

日常

現代小説を考えてみると、「なりわい」というよりは「日常」が描かれているものが多いことがわかる。飢えるということがなくなり、暮らしに困らなくなると、「日常」というものが浮かびあがってくる。いまの若手の小説には、「何もない空っぽの日常」を強調するようなものが少なくない。もちろんベテラン作家も、いまのわれわれの日常を印象深くとらえた作品を書いている。

大江健三郎「静かな生活」には、両親がアメリカへ招待されていった留守のあいだの、二十歳の長女「私」と兄の「イーヨー」の日常が語られているが、留守を守って「家としての日記」をつける長女の緊張と不安があり、静かであって静かでない世界が見えてくる。

両親在宅時から、家へ毎週小さな花束を届けにくる人や、水を詰めた二合瓶を塀の上に置きにくる人がいて困っていた。兄の「イーヨー」は知能に障害があり、目が離せない。すでに二十四歳で、父親が彼の性的な「暴発」を心配するということがあった。この小説は、前半だけ見ると、「イーヨー」の性の問題をまっすぐに扱ったもののように読める。

だが、これはあくまで、障害をもつ兄を愛しいたわる妹の、平穏かつ不安な日常世界を語る小説であろう。ある日、静かな住宅地に、パトカーが何台も集まってくる。「痴漢」が出たらしい。妹ははじめ、兄を疑う気などなかったのに、ひょっとすると、と思うようになる。そのことで十日間も「懊悩」しつづけるのである。

その十日目の夕方、妹は家の塀に水を詰めた二合瓶が置いてあるのを見つける。そんなことをする男を、一度偶然に見かけたことがあった。それは「広い額の下に開きすぎた間をおいて薄い茶色の点のような眼がついてい」る大男だった。

> 問題の日も、いつまでも涼しくならず、風のない滞ったような大気に西空のわずかな夕焼けだけがきれいだった。夕刊を取りに出て、私は門の煉瓦塀の上に例の水の瓶が置かれているのを見た。暮方の外気を静かに反映し、コルク栓をつめたすぐ下の狭い水面が夕焼けの色をレンズで集めたふうに赤らんでいる——したり顔に赤く、と私は感じた——。いま置かれたばかりならば、追いついて行って返すことができると思いつき、カッと頭に血がのぼるふうに私はその思いつきに夢中になったのだ。

自転車で飛び出した「私」は、結局「痴漢」の現場をつかまえてしまうのだが、「薄い茶色の点のような眼」の男と「痴漢」がそこでつながることになる。その男が、お屋敷の生垣のあいだへ少女を押しこんで、事に及んでいるところを目撃してしまうのである。彼女は男をつかまえるために思わぬ活躍をすることになる。

彼女の「懊悩」の十日間、何も知らず無関係に生きていた「イーヨー」は、ある日妹の目の前で、ちょうど「痴漢」がしたように、屋敷の生垣のあいだへ入りこんでいく。そして、家のなかのピアノの音に耳を澄まし、穏やかな満足の表情でふり返っていう。「ケッヘル三一一のピアノ・ソナタですけど、大丈夫です。あと難しいところはありませんからね、もう全然！」

音楽に没入する心をもった「イーヨー」の、穏やかな満足の表情とともに結ばれる小説である。静かな日常の不安とスリルと小さな波瀾と。そこにひょいとモーツアルトがつけ加えられる。モーツアルトもいまではごく日常的なものだともいえるが、薄ぼんやりした不透明な世界にくっきりと澄明な音楽が添えられるわけである。

黒井千次の小説にも、不透明な日常世界から不安がしつこく忍び寄ってくるさまをうまく描いたものがある。連作短篇集『群棲』のなかの一篇「水泥棒」では、初老の主婦の日常生活が、ごく何でもないことから薄気味の悪いものになってしまう。

夫が定年を前にして北海道の子会社へ移るとき、妻は住みなれた家にひとり残ることになる。北海道までついていくとはどうしてもいえないものが出来ていたのだ。

夫が単身赴任をしたあと、ちょっとした出来事が、ひとり暮らしの妻の心にいやな影を落とす。庭の水道の栓をだれかがあけるらしく、時どき水が出しっ放しになっているのである。何度栓をしめても、しばらくすると水が流れている。妻は薄気味が悪くてパニックのようになり、必死で犯人を突きとめようとする。

結局、隣家の幼い女の子のしわざだったことがわかる。親がいないことが多くて家に入れず、水を飲みにきていたらしいのだが、水の出しっ放しは幼い隣人のいやがらせのようでもあり、また単にしつけができていないだけのようでもある。つきあいの少ない隣家との関係で、それはどちらともいいようのないことだ。

ただ確かなのは、ごく幼い女の子の存在が、妻の穏やかな日常を不安なものに変えてしまうことである。ちっぽけな幼女が、有害な侵入者のようにもなってしまうことである。家も暮らしもモラルも、確たるものは何もない。すべてが脆弱で、不透明で、不気味だ。

そんな世界に、水道栓から水が流れつづけている。女の子が口をつけて飲むのにちょうどいい太さの捩れ合った水が。真夜中にふと目覚めると、水が流れる音がしていて、わけのわからぬ悪意が忍び寄ってくるように、寝ている足もとを水が洗っているのである。

おなじ黒井千次の「影」は、殖えた野良猫と暮らす初老の夫婦の話で、アメリカで働いている娘が三年ぶりに帰省し、またアメリカへ帰っていくまでの一週間ほどの日常が、主に妻の側から語られている。家のなかと庭と門扉の外側までの狭い世界に限られた妻の心がこまやかに描かれる。妻にとっての心の現実というものがあり、女性的な日常の感覚が刻一刻働きつづけている。そのさまを作者はきわめて細心に描き出す。

妻の不安は、娘の旅行中、飛行機が落ちないかということである。妻はその不安をかかえてたくさんの猫と接している。いちいち猫との交感があるが、娘の休暇の一週間あまりのあいだに、その猫が三匹も死んでしまう。一匹は娘が帰国の途中、もう一匹は帰米の途中、どちらも飛行機が飛んでいるあいだのことで、妻は猫が娘の身代わりになってくれたと思わずにいられない。ところが最後の一匹は、娘の帰米後、妻が運転した車にひかれた死骸を夫が発見することになる。自分が猫をひいたことを、妻はまったく気づいていない。不透明な日常世界から直接もたらされたような猫の死がある。心やさしい妻が不器用な加害者になって、事故後もそのことを知らぬまま、平穏な日常を生きつづけるのである。

平穏無事な日々がつづく現代ではなく、もっと死が身近な戦争の時代にも、変哲もなく今日が明日につながる日常があり、それを独特なとらえ方で語った作品があった。また、戦後の混乱した窮乏生活を、人間の単調ないとなみとして、終わりなき日常の相のもとに描き出す小説があった。

梅崎春生の「突堤にて」では、太平洋戦争初期のころの「銃後」の暮らし、といっても女子供ではなく男たちの奇妙な日常が回想されている。総動員体制のもとで兵隊にとられなかった年長の、あるいは病弱な男たちである。語り手の「僕」はまだ若いが、「肺尖カタル」の予後の身だ。「僕」は毎日身支度をととのえて、港の防波堤へ魚釣りにかよう。ほとんど「ムキになって」かようのである。そこには「世間の貌《かお》を岸に置き忘れてきてい」る男たちがいた。彼らはどこか虚弱で、職業や身分と関係のない「一様な表情」をもつ釣り仲間の集団をつくっていた。「戦争中でもここだけは隔絶された静かな場所だった。」

戦争の時代の窮屈な世間があり、脱世間的な突堤の小世界がある。いつも決まった顔ぶれの男たちは、いわば真空地帯で退屈なくり返しの日常を生きている。「何者にとも判然《はっきり》しない奇妙な怒り」をかかえてじっと耐えつづける日々である。

彼ら同士のつきあいは、イソギンチャクの触手が物に触れて反応するような「触手だけ」のものだ。そこには「弱気とも臆病ともつかぬ」「妙に優柔な雰囲気」がある。一見気楽そうな、ごまかしと馴れあいの関係である。「僕」は「やりきれない厭らしさ」と「えたいの知れない自己嫌悪」を感じなければならない。

いつも日の丸の手拭いを身につけている工員ふうの四十男がいた。その決して虚弱でない「日の丸オヤジ」のところへ、ある日とつぜん、警官ら「権力を身につけた顔つき」の男たちがやってくる。「日の丸オヤジ」は、食べていたニギリ飯を大急ぎで呑みこんで、連行されていく。「へッ、この非常の時だというのに、こいつら呑気に魚釣りなどしてやがる」と、背広の男が残りの弱者たちに向けて捨てぜりふを吐く。

「日の丸オヤジ」の釣り道具が突堤のうえに残される。が、だれも手をつけない。それはしばらく日ざらしになっていたが、ある夜、嵐に吹き飛ばされ、海中に消えていた。

男たちが囚われている奇妙な日常は、そんな小波瀾のあと、なお変わらずに当分つづいていくはずだ。「日の丸オヤジ」のことは、どういうわけで連れて行かれたのか、男たちは議論することもなく終わってしまうのである。

おなじ梅崎春生の「空の下」は、敗戦後の窮乏時代の話である。「私」の家の庭先の低地に、三世帯が住む細長い家があり、そこの住人たちを見ている「私」の毎日がある。前半は、「私」がひたすら隣人を眺める様子と、やがていくばくかの関係が生じることが語られる。後半は、「私」が隣家の住人のひとり、六十がらみの古畑大八郎とのあいだで、かなりの金を融通しなければならない羽目に陥る話になる。

古畑は、生活保護を受けながら四方八方から借金をし、「私」から借りるはずの金で返すと約束しているらしい。「私」は彼の借金相手から、古畑にまとまった金を貸すことを催促され、強要されることになってしまう。自分の意思とは関係なく、事態はずるずると進行していたのである。隣家は電気を止められていて、「私」がとうとう金を貸すと、その晩隣りの三世帯に明かりがともったのがわかる。

その夜、私が西窓を細目にあけてのぞくと、細長い家の各部屋部屋に、黄色い電燈がともり、その下で集って食事している堀田家族や、寝そべって新聞を読んでいる古畑夫妻の姿などが望見された。ガラス障子を透かした燈の光が、古畑家の小庭の草花の色までも、ぼんやりと浮き上らせていたのである。それを見たとき、うまくしてやられたという感じが、始めて私をほのぼのと包んできた。巧妙にしつらえられた据膳《すえぜん》を、前後を見定めもせず、私はうっかりと食べてしまったらしい。……

隣家のもうひとりの住人、三十女の飛松トリは、毎年若葉どきになると気がおかしくなり、家財道具を庭で燃やしはじめる。長火鉢やら畳やらが燃える煙が、一日中流れつづける。飛松トリのむしゃくしゃする気持ちを思いながら煙を見ている「私」も、貧しげな灰色の日常に囚われたまま、身動きできなくなっているように見える。

古畑大八郎の妻ネギは、いつも夫とは無関係な動き方で、こまごましたものを「私」に売りつけにくる。今度は飛松トリの燃やした長火鉢の灰を、「私」に買わせようとするらしい。

この小説の末尾は、クセのある古畑夫妻の姿を描き、煙が流れつづける空の下で動けなくなっているような「私」を語って、こんな書き方になっている。

……夫婦は車輪のようだと言うが、古畑夫妻はこわれ果てた荷車のように、双の車輪は別々の方向を向いて、別々の廻り方をしているようだ。げんに今も、草花を愛撫する老人のそばで、ネギさんはれいの長火鉢の灰を、せっせとふるいにかけている。お互いに背をむけ合ったままである。話し合う気配すら全然ない。しかしそこに、隔絶した平安とでも言ったようなものが、うすうすとただよっている。むし暑くどろりと濁った春の午後の空の下で、それらは動かなければ、材木か石のように見えるだろう。そして向うから眺めれば、きっとこの私もそのように見えるのだろう。煙がまだ雑草灌木の上を、淡く縞《しま》になってゆるゆると棚引《たなび》いている。あの古畳も、すっかり燃え切るまでには、夕方までかかるかも知れない。

戦後、「第三の新人」と呼ばれた作家たちは、多くが兵士としての苛酷な体験をもち、敗戦後の日常生活へ復帰するにあたって、また独特な経験をせざるを得なかった人たちである。その独特さを各人各様に語ることから出発した作家たちだったといえる。

安岡章太郎「陰気な愉しみ」は、戦場での傷がもとで病気になり、胸にギブス・コルセットをはめて毎月役所へ金をもらいにいく「私」の話である。「病気をカタにして」国から金をもらう「屈辱」とともに、いつの間にか病気がなおってしまうのではないかという「荒唐無稽な不安」にもつきまとわれる。だから「私」は、役所への坂道を登る胸苦しさが嵩じると、それを「財布のようににぎりしめながら役所の門を入る」のである。

「ハッキリしない理由による金」をもらう身の「屈辱感」や「罪悪感」や不安を誇張し、それをかかえ込んでわざわざ自虐をたのしむような心も生まれる。それが「陰気な愉しみ」といったものになる。この青年の戦後の日常はそこから始まったのである。

小島信夫「微笑」の「僕」は、四年も戦地にいて復員し、妻子のいる疎開先の村へ帰り着いたとき、四歳の息子が外で遊んでいるのを「宝さがしでもするように」探しに出る。彼はまだ赤ん坊の写真しか見ていないので、「僕というこのにんげんに似たものをさが」すしかない。ところが、そうやって探し当てると、一目見て「病気の息子」という感じがはっきりあった。

「僕」の戦後の日常は、その息子を背負って三里の山道を歩き、名古屋の病院まで行くようなことから始まるのである。息子は小児麻痺で、手遅れだということがわかってくる。やがて「僕」は、息子が不具であることを憎んで「残酷な所行」にはしるようになる。彼はそれを、自分が戦争に行っていて息子を育てられなかった報いだと思ったりする。「妻は子供が不具であることを忘れて叱った。そして夜僕に背中を向けて泣いていた。僕はむしろ不具であるために叱っている。僕はその意味で妻の心が一番こわいのだ。」

不具の子に対する自分自身の心を見張り、田舎町の人々の目に見張られながら、がんじがらめになっていくさまが語られている。彼にとって復員後の日常がそういうものになる。とつぜん「親」という立場にはめこまれたも同然な彼の狼狽と混乱が、戦場とはまるで違う不透明な現実をつくり出していくようである。

敗戦後の日常生活の混乱は、また一面でまったく喜劇的なものでもあった。おなじ小島信夫の「汽車の中」では、人間の肉がひしめきあう満員列車のなかの教師の男の苦難が滑稽視されているが、彼は他人の体に圧迫されつづけるだけでなく、混乱期を生き抜くしたたかな庶民たちに翻弄されて「地べたへ打ちのめされたようにかんじる。」しかも、列車は苦難の人々を運んで「太平な響き」をたてている。主人公の「がっこうの先生」の目には驚くべき「物知り」と見える庶民的な男がいう。「どうです、旦那、景気よくはしるじゃありませんか、この石炭ではしるのは、又かくべつですな、電気のとはまるで違う、りきみが入っている、いいですな」

日本が「黒ダイヤ」といわれた石炭を増産して、なんとか苦境を切り抜けようとしていた時代を、徹頭徹尾喜劇的にとらえたおもしろい小説である。

なお小島信夫の作例を見ていく。「アメリカン・スクール」は、占領軍の学校へ日本の英語教師たちが見学に行く話で、前半は三十人ほどが長い道を学校へ向かって歩きつづける様子が描かれる。

英語教師なのに（だからこそ）英語をしゃべりたくない男、米人と車に乗ったりすると拷問にかけられるように思い、相手を殺したくなる男が主人公である。彼を中心に、敗戦国の英語教師たちの姿をさまざまに描き、戦後の日常の貧しげな光景を、占領軍との関係できわどく浮かびあがらせる書き方になっている。

「馬」は、すでに「夫婦」の章でとりあげたが、「微笑」の夫婦関係がもっと進んでからを抽象化したような話になっている。戦後の日常もすでに安定しかけたところで妻が勝手に家を増築しはじめる。その増築部分には、美しい栗毛の競争馬が住みつくことになる。夫である「僕」より「遙かに男らしく逞しい動物」がやってくるのである。

「僕よりも大きく、貴公子にして野性的なこのつややかな生き物」は五郎という名をもっている。五郎は「僕を下僕のように見下」すのだが、妻は五郎の世話に夢中になっていく。やがて「僕」の家は馬に占領され、妻も五郎に取られたようになってしまう。

のちに書かれる長篇小説「抱擁家族」では、家へ入りこんでくるのは若い米兵のジョージである。「アメリカ」に侵入され、妻を奪われた知識人の家の混乱がなまなましく語られるが、そのリアリズムとは違う書き方をした「馬」でも、平穏な日常が不条理に満ちた不可解なものに変わっていく不安な変化が、きわめてリアルに生かされているのがわかる。

英国の小説に目を向けてみると、あの老大国の「日常」が独特な姿で浮かびあがる作品が少なくない。灰色のもやが垂れこめたような、出口のない、きわめて不透明な日常世界が目に見えるように描かれる。

アラン・シリトーの「アーネストおじさん」は、地方都市の椅子張り職人の話である。第一次大戦の戦場での「砲弾衝撃《シェル・ショック》」の後遺症のせいもあって妻に逃げられ、兄弟はばらばらになり、彼はずっとひとりで生きてきた。毎日おなじカフェで朝食をとり、「すこしの無駄もない職人の手さばきで、トマトを盛ったトーストの一角を切りとって」うまそうに食べる。

彼にとって過去は、戦場で仲間たちが死んだあと「言葉のない曇ったイメージだけが残され」て、「三十年の空白」といったものになっている。いま彼には、椅子職人として「手から口への暮し」をする変わりようのない日常があるばかりだ。「彼は自分の殻のなかに引きこもり、世界の空虚さを感じ、そして故障したコンヴェヤー・ベルトの上の品物のように、どうやらずっとさきのほうまで意味もなく並んでいるこれからの一日一日を、どう過したらよいかと考えた。」

ある日、カフェの彼のテーブルへ腹をすかせた幼い姉妹が現れる。以後彼は、毎日のように彼女らに食べさせ、ひそかに幸福を感じ、「常軌を逸した親切さでいうことを聞いてや」るようになる。貧しい姉妹は自分の娘のようで、「あの子たちだけがおれの友達だ。」とも思う。

が、やがて、カフェの客の通報によって二人の刑事がやってくる。彼は両腕をつかまれて娘たちの前から連れ出されていく。「いい年をしたおとなが小さな子供にお金をやってはいかんのだ。自分のしてることがわからんのかね、もっと分別を持ちたまえ」「もし二度とあの子たちに近づいたら、判事の前に立たされることになるぞ」と刑事はきびしく言い渡す。

何ひとつ言い返せない恥辱と憎しみのなかに彼の「生き甲斐」はあっけなく消え失せ、空虚な日常が戻ってしまう。彼は少女たちに食べさせる代わりに、「稼いだものはみなビールに費」うような以前の毎日に戻っていかなければならない。

「いつ晴れるともわからぬ濃い霧」に蔽われたような日常は、おなじシリトーの「漁船の絵」の郵便配達夫にとっても、二十八年間というもの、ずっと変わらずにきた。彼は郵便配達を始めた年に結婚し、六年後に妻に逃げられ、以後はひとり暮らしだが、郵便物を配達する毎日は判で押したように変わらない。妻との喧嘩のもとになったひとりで本を読むのが好きな性質も変わりようがない。そして、妻が出ていって十年もたつと、「おれたちの結婚生活は、一年に、一月《ひとつき》に、一日に、いやそれどころか、夜明け前の闇にきらめく光みたいなほんの一瞬に、変ってしま」う。ところが、そこへ、ペンキ屋と駆け落ちしペンキ屋に死なれた妻がとつぜん現れる。妻は週に一度やってくるようになるが、二人がよりを戻すのかというとそうでもない。酒が欠かせなくなっているらしい妻は、毎回わずかな金をもらって帰っていく。かつての結婚祝いの「生き残り」である壁の「漁船の絵」を持ち去り、質屋に入れてしまったりする。

週に一度二人が過ごす何時間かは、「部屋のなかの離ればなれの位置から炉の火を眺めながら」あまりしゃべらずに坐っているだけだ。「燈火管制」下の戦時中の「長い長い、うんざりするような夜」の過ごし方として、それは決して悪くなかった。妻がある日酔っぱらって事故死したあと、主人公は「たぶんあれが、おれたちが一番しあわせだったときかもしれない」と思う。（以上丸谷才一訳）

女流のエリザベス・テイラーの「蠅取紙」が描く日常世界がまた、ちょっとかなわないような不透明な印象を与える。母を亡くし、旧式な祖母に育てられている十一歳の少女が、「今の生活はただ厭なことをがまんしているだけのもの」だと感じながら、「厭でたまらない」ピアノのレッスンにかよっている。「祖母の家はほんとうに暗くて散らかっているのだ。ハリソン先生の家はもっとひどかった。どっちの家でもむっとこもったような、厚いカーテンと古い家具の臭いがする。」

少女はその二つの家をつなぐバスのなかで、ひとりの中年男に声をかけられる。そして、子供好きだというしつこい男につかまったようになる。バスをおりてしまっても、男はなおついてくる。同じバスに乗っていた中年女が助けてくれる。彼女は男を追いやり、少女を自分の家へ連れていく。

少女の日常が、「ただ厭なことをがまんしている」ものから危険なものに変わって、彼女はいよいよそこに囚われたようになるのである。中年女の家はよく片づいていて、いい感じだったが、窓に蠅取紙がさがっていた。「それだけがこの部屋で目ざわりだった。蠅のなかにはまだ生きているのもいて、必死で逃げようともがいている。」

紅茶の準備ができたところへ、追い払ったばかりの中年男がとつぜん入ってくるという終わり方になっている。男と女は夫婦だったらしい。少女ははじめて、紅茶茶碗が三組そろえてあったのに気づくのである。女は「これで準備ができたわ」と男にいう。何の準備なのかはわからない。作者は、不透明で危険な日常のわなにかかって動けなくなる無力な少女を、いわば残酷童話ふう

に、しかもきわめてリアルにつき放して語っている。(小野寺健訳)

もっと下の世代のスーザン・ヒルの「別れられる日」も、いまの先進国の日常を、いわばわなにかかったような姿で生きる人物たちを描いている。

英国の海辺の町で暮らす二人の女性の話である。夢見がちな芸術家肌とてきぱきした実際家の二人で、どちらも中年だが、しっかり者のミス・ロスコモンのほうはすでに老年に近いのかもしれない。二人はお互いの年齢も過去もよく知らないまま、「二人ともそれを相手のためなのだと思って」一緒に暮らしはじめる。

少女趣味のミス・バートレットは、将来に漠然とした希望をつなぎながら生きてきて、いわば自分の道を決めることから逃げつづけるうちに、いつしかミス・ロスコモンと二人で「中年の人生に安住する」ようになっていたのである。彼女は波止場の向かいに手造り雑貨の小店をもち、自分で作ったものを夏の避暑客に売っている。だが、冬は海が荒れて波止場のそばには住んでいられない。ミス・バートレットは、丘の上のミス・ロスコモンの家に居つくと、不得手な家事を引受けてくれるミス・ロスコモンに依存してしまう。世話好きなミス・ロスコモンも、母親のようにミス・バートレットを甘やかしながら、孤独な人生の不安をまぎらわせているらしい。

二人の女性の持ちつ持たれつの日常が定まり、それが七年つづいたころ、ミス・バートレットはその関係に耐えられなくなって、もとの波止場の家へ逃げ帰る。ミス・ロスコモンにかまわれすぎて、自分の可能性をつぶされてしまったように思い、焦りだしたのである。彼女は現状から抜けだすために、いまこそ「将来の計画」をたてる時だと思う。自分はまだ「四十七歳でしかない」のだ。

だが、嵐の夜が来て、部屋が水浸しになったりすると、ひとり暮らしの怖ろしさに耐えられない。彼女はとうとう助けを求めて丘の上の家へ登っていく。ところが、家へ入ってみると、ミス・ロスコモンは居間の床に倒れて死んでいた。「顔は生まのじゃがいもの切り口のように、妙に白っぽかった。」

短い夏以外は「崖の上を風と雨ばかりが吹き荒れ」る土地、「同じ家でいっしょに暮らしている、年齢もよくわからない婦人たちがいくらもい」るという寂しい海辺の町の話である。英国のそんな町の現実と、その日常がある。生活能力に欠けるミス・バートレットにとって、丘の上のミス・ロスコモンの家は、暖い部屋と十分な食事で自分のいのちを守ってくれる場所だった。そこから逃れようとしても逃れられないが、もし逃れられる時があるとすれば、それはようやく相手が死んで「生まのじゃがいもの切り口のように」白っぽい顔になる時なのである。そういう意味の題をもった小説である。（小野寺健訳）

カナダの女流マーガレット・アトウッドの「キッチン・ドア」は、子供たちが出ていったあとの農場の家の夫婦の日常が、初老の妻の側から語られる。ミセス・バリッジは何十年も自家用にピクルス類を作ってきた。そんなものは店で買うのがふつうになり、もうだれも作らないが、今年はストライキのため店頭からピクルスが消え、また深刻な霜害があって農作物が品薄になりそうだ。近年何かと不安なことが増えていて、物価があがるのでお金の値うちも心もとない。いざとなったら農場を手放さなければならないかもしれない。

二回目の鍋がぐつぐつと煮えはじめると、ミセス・バリッジはキッチンの勝手口まで行ってドアを開け、みぞおちのあたりで腕を組んで立ったまま外を見る。最近、気がつくと日に四度も五度もこうしている。自分でもなぜだかはよくわからない。そこからはたいして見るものなどない。納屋と裏庭、それから立ち枯れてしまった楡の木立ち――フランクはそれを切る切ると言いながら、なかなか切ってくれない――そして丘の向こうにはクラークさんの家の屋根。彼女は自分が何を探しているのかわからない。しかし奇妙なことを考えている。もしかして何かが燃えていはしないか、地平線のかなたに煙が立ちのぼっていはしないか。一条、いやもっとたくさん、それも、そう、南の方角に。自分でもおかしな考えだと思うので、このことは誰にも話したことがない。……

カナダの南の方角というとアメリカかもしれないが、昔ながらの暮らしを守っているミセス・バリッジは、何度も何度もドアのところへ行って、ともかく南のほうを見ずにはいられない。夫のフランクとの永年の関係にも何かうすら寒いものを感じるようになった夫人の不安が、なお次のように語られる。

気がつくと、また裏のドアのところに行こうとしている。ミセス・バリッジはドアに行く代わりに裏庭に面した窓から外を見る。そこからでも見えるものはたいして変わらない。フランクが納屋の方に歩いていくのが見える。手に何か、スパナのようなものを持っている。昔よりもゆっくりと、背を丸めた歩き方だ——後ろ姿のあの人はまるで老人のようだ、いつからあんな歩き方になってしまったのだろう?——彼の後ろ姿を見ていてミセス・バリッジはふいに思う。あの人にはわたしを守れない。なぜそんなことを考えたのかわからない。ただふっとそう思ったのだ。フランクだけではない、みんなだ。人々がみんな弱々しくなっている。歩き方を見ればわかる。人々は待っている、気づいていようといまいと、ミセス・バリッジと同じように待っているのだ、それが起こるのを。……

(岸本佐知子訳)

ミセス・バリッジは、「それが起こる」ことを確信し、その事態をこまかく思い描くようになる。それは単なる戦争かもしれないし、もっと大きな破滅的な事態かもしれない。この小説の英語の原題は「それが起こるとき」だが、そのときはじめはただふだんと違う静けさを感じるだけで、それが何なのかはわからない。飛行機が頭上を飛ばなくなり、ハイウェイの車の音が途絶えても、テレビはそのことを報じない。報道管制が敷かれているのである。

やがて、ふだんは家の前の道を歩く人間はいないのに、男たちが一人二人と北へ向かって歩いていくのに気がつく。着ているものの感じが土地の人間とはまったく違う。ミス・バリッジは緊張し、身を固くする。……

彼女の不安が生む想念は、その先いっそう危険に満ちたものになるが、末尾に至るとあきらかに妄想だとわかる書き方になっている。家に閉じこもりがちな主婦の妄想だが、その日夫人は買い物に出ようとしていて、彼女がキッチン・テーブルで書きつける買い物メモの単語が、危険な異常事態の妄想のなかへまぎれこむように語られている。いわば平常と異常をまぜた語り方になっている。

夢

睡眠中に見る夢のことであるが、夢に興味をもって語る作家があり、また書くものがしばしば夢の世界のようになっていくという作家がいる。

夏目漱石「夢十夜」は、夢の話として最もよく知られている。夢そのものを語った短い話が十篇並んでいて、それぞれ「こんな夢を見た。」という書き出しをもっている。

明治四十一年の作品だが、明治の新時代らしい夢と、もっと古い時代へさかのぼったような夢とがある。

十夜のうち「第七夜」の夢の語り手は「何でも大きな船に乗っている。」その船はどうやら「西」へ向かっているらしい。「自分は大変心細くなった。何時陸《いつおか》へ上がれる事か分らない。そうして何処へ行くのだか知れない。（略）こんな船にいるより一層身を投げて死んで仕舞おうかと思った。」

船の上は西洋人ばかりが多い。「自分は益《ます》々《〳〵》詰《つま》らなくなった。とう〳〵死ぬ事に決心した。」そして彼は海へ飛びこむ。が、その刹那命が惜しくなり、心の底からよせばよかったと思うが、もう遅い。海面は刻々と近づいてくる。……

作者漱石が英国へ渡ったときの外国船の夢のようで、船はすさまじい音をたてて西へ西へと向かっている。そんな文明の利器の乗客でいながら、ただ心細く悲しく、我慢できずに飛びおりてしまい、「矢っ張り乗って居る方がよかったと始めて悟」るという話である。孤立無援のいたたまれない思いと不安と絶望が強く印象づけられる。

ひたすら西へ向かって進む大きな船は、もしかして、西洋式近代化に邁進する日本の国にもたとえられるかもしれない。国の進む道からひそかにおりてしまいたいという思いが、漱石の心のどこかにひそんでいたのだとしても不思議はない。

漱石は留学先の英国でも適応困難のために苦しんだが、英国の世紀末芸術などには少なからず影響されるところがあった。「夢十夜」のなかにもラファエル前派の絵の世界を思わせるようなものがある。巻頭の「第一夜」はこんな話である。

大きな潤いのある眼をした長い髪の女が、あおむけに寝て、「もう死にます」という。「其の真黒な眸《ひとみ》の奥に、自分の姿が鮮かに浮かんでいる。」女は「百年、私の墓の傍に坐って待っていて下さい。屹度《きっと》逢いに来ますから」といって死ぬ。

「自分」は大きな赤い日が東から出て西へ沈むのを一つ二つと勘定しながら待つことにする。「勘定しても、勘定しても、しつくせない程赤い日が頭の上を通り越して行」く。そのうち、とつぜん墓石の下から「斜《はす》に自分の方へ向いて青い茎が伸びて来」る。その茎の先に真白な百合が花ひらき、「鼻の先で骨に徹《こた》える程匂」う。

……そこへ遙《はるか》の上から、ぽたりと露が落ちたので、花は自分の重みでふら〳〵と動いた。自分は首を前へ出して冷たい露の滴《したゝ》る、白い花弁《はなびら》に接吻した。自分が百合から顔を離す拍子に思わず、遠い空を見たら、暁の星がたった一つ瞬《またゝ》いていた。

「百年はもう来ていたんだな」と此の時始めて気が付いた。

世紀末芸術の絵のなかへ入りこんだような夢だといえるであろうが、この「第一夜」や「第七夜」のように「西洋」がかかわってくる近代の夢とは異なり、もっと前の日本の過去へ自然に立ち返ってしまうような夢もある。

「第六夜」の話は、明治時代と鎌倉時代がまざっている。護国寺の山門で運慶が仁王を彫っているが、それを見物しているのは明治の男たちだという夢である。烏帽子をかぶった運慶の様子は「如何《いか》にも古くさい。わい〳〵云ってる見物人とは丸で釣り合《あい》が取れない様である。」

「第二夜」や「第三夜」の話は、「自分」が江戸時代の侍になっていたり、百年前の「文化五年」にさかのぼって、森のなかで一人の盲人を殺した過去に行きついたりする。前者は、参禅してもしも悟れなければ自刃するつもりでいながら、一向に悟れない心の焦燥が語られ、後者は六つの息子を背負って歩く「自分」の正体が過去の闇のなかからあらわれてくる怖ろしさが語られる。

息子は盲目の子供のくせに何でも知っているようで、「自分」は子供に指図されながら歩くが、森の闇のなかへ入ると、「御父さん、其の杉の根の処だったね」と子供がいう。「文化五年辰年だろう」「御前がおれを殺したのは今から丁度百年前だね」

親である「自分」は、背中にくっついている子供が「自分（親）の過去、現在、未来を悉く照して、寸分の事実も洩らさない鏡の様に光っている」と思うようになるのである。「自分」はその光に当てられて、百年前の「こんな闇の晩に、此の杉の根で、一人の盲目《めくら》を殺したと云う自覚が、忽然として頭の中に起る」。それとともに、「背中の子が急に石地蔵の様に重くなった」のに気がつく。

不気味な怪談のような夢だが、近代世界の隙間から覗いている古い魑魅魍魎の世界へ誘いこまれる心が語られているようだ。明治の人間が、「前近代」の土俗世界へ引き戻され、心がひとしきりそちらをさまようさまが不思議な真実味を感じさせる。

漱石門下の内田百閒は、私の印象では夢の話ばかりたくさん書いた作家である。夢そのものを語ったものと、現実の話がいつの間にか夢のようになっているものとがある。『冥途』と『旅順入城式』という二つの短篇集から、それぞれの表題作をまず見てみたい。「冥途」は、漱石の「夢十夜」のように「こんな夢を見た。」という書き出しになっていてもよさそうな話で、真にリアルな夢らしい夢の暗さと淋しさが、簡潔な文章によって深々とした趣きを与えられている。

「高い、大きな、暗い土手が、何処《どこ》から何処へ行くのか解らない、静かに、冷たく、夜の中を走っている。」と書き出される。その土手の下の小屋掛けの一ぜんめし屋に「私」はひとり腰かけている。「卓子《テーブル》の上にはなんにも乗っていない。淋しい板の光が私の顔を冷たくする。」

隣りのテーブルに四、五人連れの男たちがいる。彼らのぼんやりした声のなかから、一人の男の「大きな、響きのない声」がはっきり聞こえる。「すると私は、俄《にわか》にほろりとして来て、涙が流れた。何という事もなく、ただ、今の自分が悲しくて堪らない。けれども私はつい思い出せそうな気がしながら、その悲しみの源を忘れている。」暗い土手の上を時どき何かが通る。そのたびに「非常に淋しい影が射して身動きも出来ない。」

そんな夢は往々にしてそれだけで終わるものだが、そこからストーリーが生まれて動き出す。一ぜんめし屋の障子に一匹の蜂がぶつかって音をたてている。すると、隣りのテーブルの男がこんな話を始める。

「それは、それは、大きな蜂だった。熊ん蜂というのだろう。この親指ぐらいもあった」

そう云って、その人が親指をたてた。その親指が、また、はっきりと私に見えた。何だか見覚えのある様ななつかしさが、心の底から湧き出して、じっと見ている内に涙がにじんだ。

「ビードロの筒に入れて紙で目ばりをすると、蜂が筒の中を、上ったり下りたりして唸《うな》る度に、目張りの紙が、オルガンの様に鳴った」

（略）

「それから己《おれ》の机にのせて眺めながら考えていると、子供が来て、くれくれとせがんだ。強情な子でね、云い出したら聞かない。己はつい腹を立てた。ビードロの筒を持って縁側へ出たら庭石に日が照っていた」

私は、日のあたっている舟の形をした庭石を、まざまざと見る様な気がした。

「石で微塵《みじん》に毀《こわ》れて、蜂が、その中から、浮き上がるように出て来た。ああ、その蜂は逃げてしまったよ。大きな蜂だった。ほんとに大きな蜂だった」

「お父様」と私は泣きながら呼んだ。

けれども私の声は向うへ通じなかったらしい。みんなが静かに立ち上がって、外へ出て行った。


男たちは「ぼうと薄白い明かりが流れている」土手の上へのぼり、消えていく。「私」はひとり涙を流しつづける。「黒い土手の腹に、私の姿がカンテラの光りの影になって大きく映っている。私はその影を眺めながら、長い間泣いていた。それから土手を後にして、暗い畑の道へ帰って来た。」

そんなふうに結ばれる小説で、「私」という存在の底から湧き出すような、わけのわからぬ悲しみが強く印象づけられる。それはおそらく夢として語るしかないようなものだともいえる。すでに亡くなった父親が「大きな、響きのない声」の持ち主として夢にあらわれ、「私」はもっぱらその父親との関係から、この世に生きている自分の悲しみを意識させられるのである。

作品の題は「冥途」で、「お迎え」ということばも出てくる。つまり、父親を含む男たちは、「私」を彼岸から迎えにきて、むなしく土手の上を帰っていくらしいのである。

生前の父親との関係は、蜂にまつわるエピソードだけを小さく切りとるようにして語られている。そこが目に焼きつくように鮮やかだが、ほかには何の説明もない。作品全体を、簡潔至極な、切りつめたことばが支えていて、文章を引用しようとすると、なかなか省略しにくいので、つい長い引用になってしまう。

「冥途」は文庫本で四ページ余りのごく短い小説だが、「旅順入城式」も同じくらいの長さのものだ。内田百閒はごく短い作品でみごとな腕前を発揮した人で、夢の話でも長くなると必ずしもうまくいっていない。

「旅順入城式」は、「私」が勤め先の大学の講堂で昔の日露戦争の記録映画を見たというだけの話である。映画は、ドイツの観戦武官が撮影したもので、旅順攻略の戦闘場面と、水師営における乃木、ステッセル両将軍の会見の様子と、勝利した日本軍の旅順入城式の様子が映っている。

旅順を囲む山々の眺めから「不思議な悲哀」が迫ってくる。大砲を運ぶ兵隊たちを叱咤する下士官の声が「獣が泣いている様」である。両軍が山砲を撃ちあう場面は恐ろしくてたまらない。旅順入城式の日本の兵隊たちは「みんな魂の抜けた様な顔をして、ただ無意味に歩いている」ように見える。それは、戦闘のあいだに死んだ兵隊が「今急に起き上がって来て、こうして列《なら》んで通る」というようでもある。

映像がぼやけたそんな映画を見ながら「私」は泣いている。「私」は兵隊たちと自分を同一視して、思わず「私共」と語るところがあるが、やがて自身が兵隊の列について歩いているような気持ちになってくる。映画は暗い夢のようにぼやけたままで、「私」はその夢のなかへ知らず知らず入りこんでいくようである。この小説の末尾はこうなっている。

……私は涙で目が曇って、自分の前に行く者の後姿も見えなくなった様な気がした。辺りが何もわからなくなって、たった一人で知らない所を迷っている様な気持がした。

「泣くなよ」と隣りを歩いている男が云った。

すると、私の後でまただれだか泣いてる声が聞こえた。

拍子はまだ止まなかった。私は涙に頬をぬらしたまま、その列の後を追って、静まり返った街の中を、何処までもついて行った。

短篇集『旅順入城式』のなかの「影」という小説は、「私」が解職の憂き目にあい、友人たちのところをまわって助けを求める話である。きわめて現実的な、ただ金に困って右往左往するという話が、百閒の手にかかると半分夢の世界のようになってくる。

友達の家を訪ねるとき、風が烈しく吹いて騒々しい物音をたて、「夕方の曇った空は、死んだ鰻の腹のよう」であり、吠えている犬の顔が「何となく凄くなって行」き、女の白い顔が「普通の大きさの倍もある様に思われ」る。ほとんど神経症の世界のようでもあるが、そこへ入りこんでいく「私」は、他人の目には不気味なものに見えてくる。

しかも、「私」が訪ねた先では次々に異常なことが起こる。最初の友人の家では、幼い男の子が「私」の顔を見るやとつぜん悲鳴をあげて逃げ出す。そして、ほどなく高熱を発して死んでしまう。次の家の主人は、「私」が帰ったあと肺炎を起こし、危篤に陥る。「私」のほうからすれば、まったく不可解な、不条理な悪夢に翻弄されるようである。

三人目の丙田《へいだ》という友人に仕事を頼む場面のやりとりで話が結ばれているが、こんな終わり方である。


「おい君」と丙田の鋭い声が、もう一度私の耳に響いた。

傍の腰板に私の影が映っている。ぼんやりしたなりに、何ものとも解らない、いやな形だった。

私は、あわてて顔を振った。

影が崩れると同時に、私ははっとして、丙田の顔色を窺った。

「どうしたんだい」と丙田が不安らしく訊《き》いた。

丙田は、目にたつ程蒼い顔をしていた。


ここで夏目漱石より前の時代へさかのぼって、泉鏡花の初期の短篇を見てみたい。

十篇の短い話を連ねた「竜潭譚《りゅうたんだん》」(明治二十九年)という作品がある。話はつながっていて、あるうららかな春の午後、こっそり家を出て近くの丘へのぼっていく少年の話である。丘は見渡すかぎり躑躅《つつじ》の紅《くれない》に染められている。

少年は美しい色をした「毒虫」を石で殺したりするが、そんなひとり遊びをしながらどこまでもつづくつつじの丘に迷いこんでいく。やがて日が暮れかかり、谷間の「かたゐ」の子供たちとかくれんぼ遊びをしたりするうち、少年は不思議な異界へ誘いこまれる。「かたゐ」とは、少年の日常世界の外で差別されている「風俗少しく異な」る人々のことである。

ふだん触れることのなかった「かたゐ」の世界の隅に異界への穴があいている。「人顔《ひとがほ》のさだかならぬ」暮れ方、「あふ魔が時」には、しばしば「怪しきもの」が現れ、その怪しさあるいは妖しさに誘われて、「魔」の棲む世界へ入りこんでいくことになる。

少年は道をはずれていきながら母親代わりの姉を求めつづけ、姉もまた少年を探しまわるのだが、闇のなかで行き違い、日常世界へ戻る道を断たれてしまう。彼ははてなくさまようち、「漫々たる水面やみのなかに銀河の如く横《よこた》は」る大沼に行く手をふさがれ、沼のほとりの芦のなかに倒れて意識を失う。

目が覚めると、﨟たけた美女が庭で行水をしている。少年の顔は「毒虫」に刺されてはれあがっていたのが、はれがひいて、「まるでかはったやうにうつくしく」なっている。美女は添寝をして乳房を口にふくませてくれる。彼女は、日ごろ乳房を探ると叱る姉とも違い、その乳房の味は、三年前に死んだ母の「乳《ち》の味」とも違っている。「垂玉《すゐぎよく》の乳房ただ淡雪の如く含むと舌にきえて触るるものなく、すずしき唾《つば》のみぞあふれいでたる。」どこか人間の体のようではないのである。

やがて二人とも寝入るが、少年がふと目覚めて女の顔に触れてみると「いかにしても指さきはその顔に届か」ず、乳房のあいだに顔を埋めても「顔にはただあたたかき霞のまとふばかり、のどかにふはふはとさはりしが、薄葉一重の支ふるなく着けたる額はつと下に落ち沈む」ばかりである。

次に目覚めると、少年はひとりの男の背に負われて家へ送り返されるところであった。彼は大沼の岸で小舟に乗せられ、女と泣き別れて、家の近くまで運ばれる。そこまで来ると知っている人ばかりなのに、少年を見る人々の目が変である。家の人は少年を柱に縛りつけ、「心の狂ひたるものとしてわれをあしら」う。近所の遊び友達は「我が姿を見ると、一斉に、アレさらはれもの の、気狂《きちがひ》の、狐つきを見よやといふいふ、砂利、小砂利をつかみて投げつ」けてくる。

現実世界へ帰り着いた場面がくわしくリアルに描かれるのだが、作者は少年の不安と絶望をたっぷり語りながら、その話に「ふるさと」という題をつけている。

そのあとの最終章「千呪陀羅尼《せんじゅだらに》」で、少年はすさまじい雷雨の晩、寺の僧たちの陀羅尼経の大合唱のなかでふと「心地すがすがしく胸のうち安く平らになり」「呪《じゅ》もはて」ることになる。が、同時に、怪しい美女が棲んでいた「魔」の谷は、その夜の風雨により川がせきとめられ、深い淵《ふち》に変わってしまう。それを聞いて「里の者、町の人皆挙《こぞ》りて見にゆく」が、日を経て少年も姉と一緒にその淵を見る。「その日一天うららかに空の色も水の色も青く澄みて、軟風《なんぷう》おもむろに小波《さざなみ》わたる淵の上には、塵一葉《ちりひとは》の浮べるあらで、白き鳥の翼広きがゆたかに藍碧《らんぺき》なる水面を横ぎりて舞へり。」

その後二十年くらいたってからか、ひとりの青年がその淵のほとりに立つ。こんな一行で結ばれている。「年若く面《おもて》清き海軍の少尉候補生は、薄暮暗碧《はくぼあんぺき》を湛へたる淵に臨みて粛然とせり。」

この「竜潭譚」は、はじめに少年がつつじの丘へ迷いこんでいくとき、薪をかついだ男とすれ違い、男はなぜか「危ないぞ危ないぞ」という。そこから始まる怪異譚である。少年はいままでは考えられないような豊かな自然のなかで生きている。山と谷と水の世界が深々としている。そこに闇が満ち、風雨が荒れて「怪異」が生きる。そのすべてが夢のようだともいえる。

こういう作品を読むと、泉鏡花の育った加賀の自然の力が強く印象づけられるが、そこはまた民話の世界でもあり、彼の古風な文章が日本人の民話の心にしっとりと濡れているように見える。「竜潭譚」は、そんな文章で語られる「夢幻《ゆめまぼろし》ともわかかぬ」「怪しき神」の物語なのである。

現代作家のものでは『倉橋由美子の怪奇掌篇』をあげておきたい。二十の掌篇小説から成る一冊である。

実際に眠って見る夢もあれば、ふつうの日常場面がことばひとつで怪奇幻想の世界に切り替わることもある。いずれにせよ、二十篇すべてが夢幻的な物語になっている。

「首の飛ぶ女」では、夜中に若い女の首が胴体から離れて恋人のもとへ飛んでいき、朝になると胴体に戻る、ということがくり返される。女は毎晩好きな男のところへひそかに通う夢を見るのだという。

女の父親代わりのKという男がいて、ある晩彼は首のない女の胴体を抱いてしまうが、すると胴体はそれを喜び「琴瑟《きんしつ》相和するような具合にな」り、首が離れたあとの切り口を「舌でくすぐってやると首のない体は狂って跳ねまわるようにして歓ぶことがわか」る。

Kは中国生まれのその女との関係を高校同窓の旧友にこんなふうに語る。

「君が嫉妬のことを言ったのは正しい。やはり僕も人並みに嫉妬したよ。嫉妬が嵩じて僕は馬鹿なことをやらかしたのだ。ある明け方、首は逢引《あいびき》から帰ってきた。首が実際に飛んでいるところを見たのはそれが初めてだったが、首は耳を翼のようにはばたかせて巨大な虻《あぶ》みたいな羽音を立てて飛ぶ。飛頭蛮の流儀はそういうものらしいね。その時、帰ってきた首は上気していかにも喜びに溢れている風情だったから、こちらは怒り狂ってしまった。それでとっさに切り口にシーツをかぶせて首が接着できないようにしてやったのだ。首は困惑してあたりを飛びまわるが、許しを乞う様子もない。どうやら苦悶の態《てい》なのだ。殺虫剤を浴びて狂い死にする蝿のような苦しみようだ。ざまあ見ろと思って見ていると、あっけなく事切れてしまった」

「むごいことをしたものだ」

「それはそうだが、もう後の祭だった。首は見る見る生気を失って皺だらけになりながら、信じられないほど小さく縮んでしまった。これがそうだがね」

Kはそう言うと、その身なりに不相応なボストンバッグを開けて問題の代物《しろもの》を取り出した。思わず叫び出しそうになったが、もう制止する暇もない。それは土偶の首のようなものだった。一度見ると目を外らすことができないものだ。特に私にはね。何しろ、それは生前毎晩のように飛んできてくれた忘れられない顔のなれの果てだったからね。

Kの話を聞いている「私」にも娘がいて、「私」はここでKの話を娘に語っているのだが、「私」はそのあと、娘がじつは首のない胴体から生まれたKの子だったということを明かし、数日後に急死するという話になっている。

よくできた面白い話で、首の切り口を舌でくすぐると胴体が狂ったように歓ぶとか、困惑した首が耳を翼のようにはばたかせ虻みたいに飛びまわるとか、猟奇的な話の細部がなまなましく印象づけられる書き方である。

もうひとつの首の話「アポロンの首」では、女性の「私」が大学構内の銀杏並木の下に美貌の少年の首が落ちているのを見つける。「私」はそれを家へ持ち帰り、活け花のように白磁の水盤の剣山に刺しておく。「私」はちょうど植物を栽培するように少年の首を育てながら暮らすことになるのである。

その首は「高貴で端正で匂うように美し」く、まるで花のようなその首の前では現在つきあっている男など「悪臭を放つ鼬《いたち》程度の動物でしかない。」だが、そのうち首は次第に固くなって柘榴《ざくろ》の実のような色になり、それからサボテンのようにふくらんで花が咲きはじめる。花は百花繚乱という具合に咲き乱れたあと、実がたくさんなって瘤だらけのようになる。その実を水栽培で育てると、ひとつひとつが違う顔の人間の首になっていく。「秋にはサンルームいっぱいに、数十の首が生え並ぶことになりそうである。」

人間の首幻想とでもいうべき以上の二作と一脈通じる話に「鬼女の面」がある。語り手の男が家にあった鬼女の仮面の禍々《まがまが》しさに気づき、惹きつけられていく。その面の裏側はいかにも奇怪な様子をしている。それは「肉質の闇」とでもいうべく、「かつてそれを付けた人間の顔から肉を剝《は》ぎとって自らの裏面としたような、血みどろの肉の凹凸がそのまま固まって漆黒の闇と化している、といった具合であ」る。顔に近づけてみると、面は顔に食らいついてきそうになる。語り手の「私」はやがて美女と婚約し、体の関係ができてから、ある日眠っている彼女の顔に鬼女の面をかぶせてみる。すると面はぴったり吸いつき、とれなくなり、彼女は起きあがって全裸のまま「妖しい踊り」を踊りだす。

……そのうちに私は女の踊りがただならぬ喜悦を表わしていること、それが性的なエクスタシーにほかならないことをほとんど疑わなくなった。なんと、あの角を生やした般若の顔が血の色の歓喜に燃えているのである。般若特有の恐ろしげに裂けた口はそのまま歓喜の叫びを放っているかのようだった。やがて絶頂を迎えた鬼女は床に倒れて、その裸の胸と腹を波立たせ、四肢をあられもなく広げて震わせると、不意に動かなくなった。K子は事切れていた。私は呆然として抱き起こそうとしたが、その時鬼女の面は嘘のように顔から離れて落ちた。死によってK子は面から解放されたのである。その顔には苦悶の跡はいささかもなく、目を伏せてかすかな笑みを湛《たた》えている仏像のようだった。

その後「私」は、きわめてエロティックな「鬼女の踊り」が忘れられず、若い女性を次々に誘惑して「鬼女の面に捧げる生贄」にするようになる。一度だけ少年に面をかぶせてみると、少年は「ある種の鳥の長い嘴《くちばし》のようなものを終始立てたまま、間歇的《かんけつてき》にとめどなく精を漏らしつづけて息絶えたのであった。」

倉橋由美子の書き方は知的かつ明晰で、夢物語の曖昧模糊とは無縁といっていいが、加えてペダンティックという特徴があり、日本と中国と西洋の古典の知識が盛りこまれている。さきの引用文中の「飛頭蛮の流儀」というのも四世紀ごろの中国古典から来ている。

知的で明晰でペダンティックな書き方から、ふと官能的になまなましいものが現れ出る。女性的とも男性的ともいえる、むしろ両性を超越したようなエロティシズムが浮かびあがる。それは多分にことばが生み出すエロティシズムで、『倉橋由美子の怪奇掌篇』には、もっと夢らしい冥府の話や彼岸的な「幽霊屋敷」の話など、必ずしも猟奇的でない話もいろいろあるが、どの作品の場合もことばのエロティシズムがはっきり印象づけられるのである。

ラテン・アメリカの小説に夢幻的な趣きのものが多いことはよく知られている。ホルへ・ルイス・ボルヘスとフリオ・コルタサルは、前衛的な短篇作家として、西欧の文学や哲学に通じた知的な想念の世界がおのずから夢と幻想に転じるといった作風に共通のものがある。

ボルヘスの小説は、はじめはきわめてブッキッシュでペダンティックで難解な、エッセイに近いものが多かった。そこからためらいがちに幻想的な物語が浮かびかかる。作者が歳をとるにつれ、物語はよりリアルな、もっとはっきりしたものになるが、その物語世界の幻想的な性質は変わらなかった。

「円環の廃墟」は比較的初期のものだが、全体が神話のような物語になっている。ひとりの魔術師が、火の神の神殿の廃墟で、彼が夢に見る青年、つまり彼の息子をこの現実世界へ送り出そうとする。彼は「千と一夜のあいだ、内臓のひとつひとつ、顔の造作のひとつひとつを考え」つめ、火の神の助けを借りて、自分の作品としての「夢の申し子」をようやく生み出す。「夢みられた人間」である息子はこの世に生き始める。老いた魔術師はやがて火に焼かれて死んでいきながら、「おのれもまた幻にすぎないと、他者がおのれを夢みているのだと悟」ることになる。息子同様彼自身も、他人の夢が生んだ存在にすぎなかったというわけである。そんな主人公を、たとえば芸術家や作家に置き換えてみるなど、いろんな読み方ができるであろう。

「南部」は、珍しく作者自身の体験が読みとれるような話で、主人公ダールマンは作者とおなじ文学の人で、ブエノスアイレスの図書館員である。彼は作者同様ちょっとした事故がもとで敗血症になり、生死の境をさまよう。ようやく回復し、退院して、彼は蘇生の思いとともに「南部」の農場へ出かけていく。汽車に乗って「より古く、より堅固な世界」である南部へ入りこんでいくのである。その汽車の旅はこんなふうに、半ば夢のように語られる。

ときどき眠ったが、突進する列車はその夢にも現われた。真昼の十二時の耐えがたい白熱の太陽は、日没に先だつ黄色い太陽になっていた。それも間もなく赤に変わるだろう。汽車も違うものになっていた。コンスティトゥシオン駅でプラットフォームを離れたときのそれではなかった。平原と時刻が呪いをかけて変えてしまったのだ。窓の外では、動く客車の影が地平線に向かって伸びていた。集落その他の人間のしるしに大地はわずらわされていなかった。すべてが大きく、しかし同時に親密で、なんとなく秘密めいていた。広びろとした野原に、時には牛一頭しか目につかなかった。孤独は完全で、何やら敵意にみちており、ダールマンは南部ではなく過去へ向けて旅しているような気がした。車掌がこの白昼夢から彼を呼びさました。

ダールマンは汽車をおりてから食堂へ入る。老人のガウチョ（牛飼い）が酔って床にへたりこんでいる。「南部の権化」とも思える老人である。その店でダールマンは酔った若者にからまれ、決闘を挑まれる。すると老人が目を覚まし、抜き身のナイフを投げてよこす。「決闘を承知せよと、南部がダールマンに迫っているかのようだった。」

作者同様「文弱の徒」であるダールマンは、病院で命をとりとめたばかりで、またわけもわからずに死の危険に身をさらすことになるのである。彼は「扱い方もろくに知らないナイフをしっかりにぎつて」相手とともに外へ出る、という一行で断ち切られるように終わる小説である。怖ろしい夢が途中から急に断ち切られるように。

病院で苦しんでいたときなら、決闘で死ぬのは「救い、喜び、祝いごと」になり得たのだから、これがあのとき夢見たことなのかもしれない、というダールマンの思いが語られている。いわば夢を現実に生きるように、恐怖も希望もなく、彼は死のほうへ歩いていくのである。

以上の二作の二十年後の作品「めぐり合い」もまた決闘の話で、語り手が少年時代に目撃した有名な決闘事件が回想される。北部の村の別荘のバーベキュー・パーティーの晩、少年はその家の主人にガラス戸棚のなかの古いナイフのコレクションを見せてもらう。昔のガウチョたちが使ったナイフである。しかもなかに仇敵同士のナイフがあった。それがその日偶然に二人の男の手にとられて決闘になる話で、その音のない夢のような決闘場面の描写がみごとだ。一方の男が胸を刺され、「妙だな。まるで夢でも見ているようだ」とつぶやきながら死んでいく。

昔のガウチョの仇敵同士は、相手にめぐり合うことなく別々に死んだとされている。その二人のナイフは長い年月相手を求めてさまよい、最後にその家のガラス戸棚におさまり眠っていたのだった。それがとつぜん目を覚まし、いわば二人の人間を道具に使って決闘させるに至ったのだという。「闘ったのは人間ではなく、ナイフだった」のである。(以上、鼓直訳)

おなじアルゼンチンの作家フリオ・コルタサルの「正午の島」は、現代の旅客機のなかで働くイタリア人スチュワードのマリーニが主人公である。彼はエーゲ海の上を飛んでいるとき、「金色の亀」のような孤島を見て心を奪われる。週に三度ほどいつも正午に島の上を飛ぶので、そのたびにマリーニは仕事も忘れて島を眺めつづける。それは週に三度おなじ夢を見るようなものだが、それをくり返し見たいという気持ちは夢ではない。

彼は結局仕事の毎日から脱け出し、住民二十人というその孤島へたどり着く。そして島の自然を満喫し、「古い自分を殺」し漁をして暮らそうと考える。ところがそこへ、少し前まで彼が乗務していた飛行機が落ちてくる。機は島のすぐ前の海に没し、マリーニは一人の男を救うが、喉もとに傷を負った男は間もなく息絶える。「傷口は気味の悪い口を思わせた。その口で、マリーニの名を呼び、島で過ごしたわずかな時間の幸せを彼から奪いとり、ごぼごぼと音を立てながら聞き取ることのできない何かを語りかけているように思われた。」

男は「古い自分」のようでもあるが、じつは島にいるマリーニがはっきり実在しているのかどうか、よくわからないような書き方である。というのは、マリーニは飛行機の上から島を見て、実際に島へ行けそうだと思い、その旅を想像しはじめる。そして彼の空想の旅がくわしく語られるのだが、小さな老朽船で夜明けに島へ着くというところで、とつぜん実際にあったことを語る断定的な叙述に切り替わってしまう。そこからあとは、マリーニが村の長老に紹介され、その息子たちと知りあい、というふうに、彼の島での体験がすでになされたものとして語られていくのである。

叙述のその継ぎ目を境にして、前半はひとつの現実であり、後半はもうひとつの現実であるということなら、ひとりのマリーニに対するもうひとりのマリーニがいる、ということになるにちがいない。また、機上の夢想につづく後半部分は、マリーニの見た夢が実現して、実際にあったこととして語られる場面なのかもしれない。あるいはまた、機上のマリーニはふと飛行機が墜ちることを考えて、下方の孤島にいる自分がこちらの自分を待ち受けている、というふうに想像したのかもしれない。（木村栄一訳）

旅

古来日本には旅の文学の長い伝統があるが、明治以後鉄道が発達すると、新しい旅の文学がたくさん書かれるようになる。作家たちは盛んに鉄道を使って旅をし、戦前の鉄道文化のなかからあまたの名作を生んでいる。

志賀直哉の処女作のひとつ「網走まで」は、語り手の「自分」が宇都宮までの車中一緒になった母子連れの話である。明治四十年ごろの青森行きがどんな汽車だったかも克明に描かれている。いま読んで何ひとつわからないところのない見事な描写である。車両はヨーロッパ式のコンパートメントで、通路はなく、外から直接各コンパートメントへ乗りこむようになっている。トイレもないので、男の子が尿意を訴えて騒ぐ場面がある。

赤ん坊を含む母子三人ははるばる網走まで行くのだが、汽車と船を乗り継いで一週間もかかるのだという。そんな苦労のあげくたどり着いた先で何が待っているかを想像させる語り方で、車内の描写がくわしくなる。脳に異常があるらしい男の子は、不機嫌に駄々をこねつづけ、母親を手こずらせる。母親は、父親が大酒飲みのせいで子供がおかしいのではないかという。語り手の「自分」は、「この母は今の夫に、いじめられ尽くして死ぬか、もし生き残ったにしてもこの兒に何時か殺されずには居まいと云うような」ことを考えてしまう。

宇都宮で降りたとき、「自分」は母親から葉書二枚をポストに入れてほしいと頼まれ投函するのだが、ふと文面を読んでみたいような、読んでも差支えがないような気がする。狭い車室で母子と向きあいつづけたあと、そのけなげな若い母親と心がどこかでつながったように思ったからにちがいない。「投げ込む時ちらりと見た名宛は共に東京で、一つは女、一つは男名であった。」という一行で結ばれている。

「山形」は、衝突しがちな父と子が東北旅行をする話で、作者の若いころを振り返って語ったもの。父親が銅山を何ヵ所か買い、それを見てまわる旅に息子を誘って出かけるのだが、父親は上等車、息子は中等車というふうに、二人一緒のような別々のような旅になる。

息子は祖父が経営したことのある足尾銅山の鉱毒事件の際、父親と烈しい口論をしたことがあり、そのときの考えはいまも変わらないので、父親が銅山経営を新しい仕事にすることに対しても複雑な気持ちでいる。父親は息子に手を焼きながらも和解をはかるつもりがあるらしい。そんな親子が宮城県の山奥の銅山を何日もかけて一緒に見てまわる話である。

息子は父にいわれて、最後に山形市に住む歳の近い叔父をひとりで訪ねる。そこで息子は叔父の師匠の禅僧に彼の「社会主義」について意見をされ、叔父にも忠告されて、父親のはからったことがはっきりしてしまう。息子の旅は父親の掌の上で踊らされたような結果になってしまうのである。

志賀直哉はじつによく旅をしているが、「城の崎にて」「矢島柳堂」「豊年虫」「鳥取」「菰野」等々、温泉地の宿に滞在する話が多い。小説が書ける静かな宿を探して東奔西走しているように見える。一世代あとの川端康成も、学生時代から伊豆の温泉に入り浸って、「伊豆の踊子」「温泉宿」をはじめとする温泉小説を書いた。「私の第一第二創作集中の作品に就て言っても、『感情装飾』の掌の小説三十五のうち三十篇、『伊豆の踊子』の十篇のうち四篇を（湯ヶ島の）湯本館で書いた。」（「『伊豆の踊子』の装幀その他」）

若い川端はともかく温泉好きで、また汽車が好きだったようである。二十代は「始終旅にいる」という気持ちだったらしく、汽車に乗ると「体が土を離れてふわふわと風景の上を運ばれているという感じと共に、重たい過去も夢のような雲の上に浮んでしまうのだった。」（「伊豆の帰り」）。短篇ではないが中期の代表作「雪国」でも、主人公島村は「なにか非現実的なものに乗って、時間や距離の思いも消え、虚しく体を運ばれていく」。そんな汽車の旅と温泉地の経験から、ほとんど「異界」の物語のようなものが生まれることになるのである。

川端康成が長逗留をした湯ヶ島で、同時期に結核の療養生活をし、短篇集『伊豆の踊子』の校正を手伝ったりした梶井基次郎は、その暮らしから川端とはまるで違う小説を生み出している。「闇の絵巻」は、川端の宿「湯本館」から梶井の「湯川屋」までの川沿いの道の夜の闇について語っている。東京から来た「私」が自然のなかの深い闇を知り、闇を怖れ、闇に親しみ、闇の心象風景を鮮やかな「絵巻」のようにくり拡げて楽しむ。そんな心が「療養地の身を噛むような孤独と切り離せ」ないものとして語られるのである。

「蒼穹」では、「私」は日光浴をしながら、山の上に湧く雲を見ている。雲は次々に湧き立っては空のなかへ消えてゆく。その「濃い藍色に煙りあがった」昼の空が、ふと雲を呑みこむ「白日の闇」のように、あるいは頭上の大きな「虚無」のように見えてくる。それはちょうど、闇夜の道を行く人影が、明かりを背に闇のなかへ消えてゆくのを見るとき、人が「『どこ』というもののない」虚無の闇に消えるというふうに見えるのと同じである。そんなとき「私」は、「その闇のなかへ同じような絶望的な順序で消えてゆく私自身を想像し、云い知れぬ恐怖と情熱を覚え」るのだが、いままた頭上に満ちている「白日の闇」のもとでひそかに「大きな不幸を感じ」ざるを得ないのである。

「桜の樹の下には」の「俺」は、春たけなわの湯ヶ島で「陰気」な気持ちにとらわれている。それは満開の桜が「灼熱した生殖の幻覚させる後光のようなもの」を感じさせるとき、その美しさにうたれると同時に、一種の不安や憂鬱や空虚を感じざるを得ないからである。

そんな不安から自由になるには、ちょっとした「透視術」が必要だと彼は気がつく。生の盛りの美しい姿に醜い死骸を重ねて見るような「透視術」がなくてはならない。平和な幸福のなかで「惨劇」を求める気持ちになるのと同じで、「その平衡があって、はじめて俺の心象は明確になって来る。（略）俺の心に憂欝が完成するときにばかり、俺の心は和んで来る。」

というわけで、彼は桜の樹の下にひとつひとつ屍体が埋まっているさまを思い描くことになるのである。その「透視術」についての有名な一節をあげておく。

お前、この爛漫と咲き乱れている桜の樹の下へ、一つ一つ屍体が埋まっていると想像してみるがいい。何が俺をそんなに不安にしていたかがお前には納得が行くだろう。

馬のような屍体、犬猫のような屍体、そして人間のような屍体、屍体はみな腐爛して蛆《うじ》が湧き、堪らなく臭い。それでいて水晶のような液をたらたらとたらしている。桜の根は貪婪《どんらん》な蛸《たこ》のように、それを抱きかかえ、いそぎんちゃくの食糸のような毛根を聚《あつ》めて、その液体を吸っている。

何があんな花弁を作り、何があんな蕊《ずい》を作っているのか、俺は毛根の吸いあげる水晶のような液が、静かな行列を作って、維管束のなかを夢のようにあがってゆくのが見えるようだ。

いわば終生旅をつづけて、その旅から作品を生みつづけた人に井伏鱒二がいる。数多い短篇のなかで、彼の旅の文学の代表作といえば昭和十五年の「へんろう宿」であろう。文庫本で七ページしかない極小の名品である。

「いま私は所用あって土佐に来ているが、大体において用件も上首尾に運んで何よりだと思っている。」という書き出しだが、わざとありふれた日常を語るような調子にしてある。ところがそのあとに、「バスのなかで居眠りをして、安芸《あき》町というところで下車するのを遍路岬《へんろうみさき》というところまで乗りすごした。」という一文がくる。バスのなかの「居眠り」によって、変哲もない日常が不思議な非日常の世界に切り替わる。そもそも旅というものが、日常的現実からしばらく足を離してまたもとへ戻る経験だとすれば、「へんろう宿」は、そういった経験を語る話として、これ以上ないほど巧みにつくられているのがわかる。

語り手の「私」が泊まることになる岬の「へんろう宿」は、漁師の家のような三間しかない薄ぎたない宿だが、なぜかそこには女ばかり五人もいて、八十と六十と五十くらいの「婆さん」が客の世話をしている。あとの二人は子供である。

「私」はやがて「雑巾を大きくしたような蒲団」にもぐり込んで眠る。二時間ほど眠り、隣りの部屋の話し声で目をさます。五十くらいの婆さんが、男の客の酒の相手をしてしゃべっている。「私」という旅人にとって、旅先の現実がそこからまた一段と不思議なものになる。それはほとんど、目をさまさずに夢を見ているのと変わらない。なぜなら、隣りの部屋の婆さんが、その宿の女たちについて、ちょっと現実とも思えない話を語りはじめるからである。

宿の婆さんたちというのは、そこに泊まったお遍路さんなどが置いていった嬰児が年をとった姿なのだという。六十年とか八十年とかのきわめて長い時間の話になってくる。それは実際に夢のようでもあり、また現代とは違う八十年前の旧世界の不思議が甦るようでもある。八十年前の「棄て児」がいまも「極老のお婆さん」として生きている宿なのである。「たいがい十年ごっといに、この家には嬰児が放ったくられて来ましたきに」と隣室の婆さんはいう。しかも、宿としては、男の子は面倒なので女の赤ん坊だけを引き受けてきたのだというのである。

「私」は翌朝目覚めて、「へんろう宿」といういわば夢幻の世界からふつうの現実に立ち返る。「私」は「極老のお婆さん」に見送られて宿を出る。「その宿の横手の砂地には、浜木綿《はまゆう》が幾株も生えていた。黒い浜砂と、浜木綿の緑色との対照が格別であった。」というさり気ない描写でみごとに締めくくられる短篇である。

井伏鱒二はほぼ同じころ、「掛持ち」や「大空の鷲」を書いている。どちらも甲州と伊豆という二つの土地にまたがる話になっている。「掛持ち」の温泉宿の番頭は、甲州湯村と伊豆谷津の二つの宿を掛持ちして働いている。春と秋は湯村、夏と冬は谷津で番頭をするのである。彼は湯村と谷津とでは名前も立場も顔つきも変わって、少なからず別人のようである。二つの土地でそれを見ている「でっぷり太った」客の井能定二という文筆家がいるのである。

「大空の鷲」は、一羽の鷲が二つの土地を股にかけるという話である。甲州御坂峠の上空に現れる大きな鷲は、伊豆の谷津にも現れるらしいのだが、御坂峠の茶店に泊まっている「東京の小説家」は、それを聞いて、その鷲クロにまつわる物語をさまざまに空想し手帳に書きつける。そして、クロが御坂峠から伊豆の天城山や谷津温泉まで「広い広い縄張りを持っている」ものと考え、みずから御坂峠から谷津まで行って確かめようとする。「黒い翼と灰色の胴」をもつその大鷲の広大な縄張りを、「東京の小説家」を含む地上の人間たちが動きまわる。いわばその人間の卑小さが、大空を飛ぶ堂々たる鷲のイメージとからまりあう話になっている。

井伏鱒二に師事した太宰治は、井伏の「大空の鷲」と同じ年（昭和十四年）に「富嶽百景」を書いている。太宰は井伏が泊まって仕事をしていた御坂峠の「天下茶屋」へ泊まりにいき、井伏が山をおりてもずっと滞在して小説の仕事をつづけた。その仕事は「くるしい」が、「富嶽百景」には、井伏鱒二が決して書かないようなこんな文章が出てくる。「私の世界観、芸術というもの、あすの文学というもの、謂わば、新しさというもの、私はそれらに就いて、未だ愚図愚図、思い悩み、誇張ではなしに、身悶えしていた。」

峠の茶屋でのそんな「身悶え」の毎日は、「いやでも富士と真正面から、向き合っていなければならな」い暮らしである。「私」は名高い「北面富士」を馬鹿にしたり、逆に感心する気になったり、「愛憎」が刻一刻変化する。「これは、まるで、風呂屋のペンキ画《え》だ。芝居の書割だ。どうにも注文どおりの景色で、私は、恥ずかしくてならなかった。」というかと思えば、「富士は、のっそり黙って立っていた。偉いなあ、と思った。」ともいう。そのくり返しである。

偉そうに出来あがっているもの、型どおりに立派なもの、俗なものに対して、ひとり恥ずかしがって七転八倒したりするさまがそのまま太宰の「芸術」になるのだともいえる。それはほとんど思春期心理の文学で、神経症めいて落ち着きのない読点の多い冗舌調が、彼の「新しさ」でもあったのである。

ちなみに、井伏鱒二の「大空の鷲」は、富士山の存在にかかずらうところがまったくない。「御坂峠には八年前から一羽の鷲がいる。」という書き出しでもっぱら鷲のクロのことが語られるが、そのクロも枯れ枝にとまって、富士とは反対側の河口湖のほうを、ただ「何となくうっとりと」見おろしているだけである。作中、富士山そのものに言及されることは一度もない。峠へ登ってきた学生がライカで富士山を撮り、「東京の小説家」が点景人物にさせられることが語られる短い一節があるだけである。

太宰治の「富嶽百景」は、富士山に過剰反応しなければならない峠の上の「陰鬱な」日々に、茶屋の人々や下界から登ってくる客たちのさまざまな姿が織りこまれ、同時に「私」が甲府の町へおりて見合いをし、結婚話が進むことが語られていく。たしかに、文章のうえでも、多分に神経症的ながら、若さに満ちた生きのよさがあるのがわかる。「私」が富士吉田の町で夜中に見あげた富士の描写がいいのであげておきたい。

……私は、眠れず、どてら姿で、外へ出てみた。おそろしく、明るい月夜だった。富士が、よかった。月光を受けて、青く透きとおるようで、私は、狐に化かされているような気がした。富士が、したたるように青いのだ。燐《りん》が燃えているような感じだった。鬼火。狐火。ほたる。すすき。葛《くず》の葉。私は、足のないような気持で、夜道を、まっすぐに歩いた。下駄の音だけが、自分のものでないように、他の生きもののように、からんころんからんころん、とても澄んで響く。そっと、振りむくと、富士がある。青く燃えて空に浮んでいる。……

戦後の作家で短篇の名手といわれた永井龍男の「旅」の小説を見てみたい。

永井は鎌倉に住み、電車で東京へ往復するなかから多くの物語を生んだ。箱根や熱海といった近場の保養地を舞台にした話も少なくない。

昭和三十年の「スケッチ・ブック」では、鎌倉の古風な交通機関、江ノ島電車（通称江ノ電）についてくわしく紹介する書き方がしてあり、同時に女主人公の若い挿絵画家が、熱海の忘年会で経験した「事件」が語られる。その両者をうまく結びつけた話になっている。熱海の旅館で彼女が間違って踏み込んだ部屋にいた不倫らしいカップルの女性のほうが、江ノ電の窓から覗き見た家のなかで、夫らしい人と平凡な日曜日をすごしている様子が、スナップ・ショットのように描かれる短篇である。

昭和二十六年の「凧」は、伊豆かと思われる海辺の温泉場の朝の場面からはじまる。高台の旅館に会社の一泊旅行で来た男たちがいる。激しい雨があがったあとの風の強い朝である。風は桜の花を散らし、海は一面に風波《かざなみ》をたてている。早い雲足に、日は照ったり翳ったりしている。旅館の窓から見おろせる海辺の町では、火の見やぐらの鐘楼を新築した祝いの行事がはじまっている。木遣りの音が聞こえ、真新しい鐘楼の木膚が、日がサッと照るたびにくっきりと浮き出る。昨年暮れの火事でそのへん一帯が「ペロッと焼けた」あとの新築なのである。

その鐘楼の梯子を登って半鐘を打とうとした男が、凧にあおられてまっさかさまに落ちた。町の人々が騒ぎ立ち、印半纏《しるしばんてん》の男たちが真新しい雨戸をかついで駆け寄る。旅館でもいっとき、その事故の話で持ちきりになる。が、やがて客たちは「黄色《きば》んだ実を三つ四つ付けた、枝葉ごとの夏蜜柑を手に手に」バスに乗って引きあげていく。

この小説の後半は、町の運送屋の店先に場面が変わる。そこの主人など男たち数人の話から、事故の真相がわかってくる。どうやら商売に行き詰まった男の保険金目当ての自殺らしいのである。後半部分は会話が主で、前半は描写中心だが、どちらも人物の心のなかに立ち入らない客観的視点による語りで、特に前半の描写の冴えがみごとだ。

昭和二十六年といえば敗戦後の米軍占領下なのだが、日本人の日常生活はすでに旧に復している。サラリーマンの慰安旅行もごく日常的なものになっている。その旅行の朝の空気が鮮やかにとらえられ、温泉場の事物が生々躍動して、まさしくこれがかつての日本人の旅だったと思わせる小説になっているのである。

「鳶の影」もおなじ昭和二十六年の作。四国・高知の海辺の話で、小さな港の宿に大阪から来た機械商の男が泊まっている。ちょうど祭礼の日で、祭り囃子が聞こえている。男は商用の首尾がよくないようで、一日二階の部屋にいて、窓から下の支那そばやの裏口を覗き見ている。支那そばやには、血がつながっていないらしい母娘と、母親の愛人らしい義眼の五十男がいる。母親は十七、八の娘を口汚なくののしり、義眼の男は娘をもてあそぼうとする。ときどき上空を鳶が飛んで閑かな啼き声をたて、「鳶の影は鳶より早く下界の物を飛び越え」ていく。

人が出盛る祭りの晩なので、娘は町の料理屋へ手伝いにいく。宿の男も祭りの景気を見物に出、その料理屋へあがる。

翌朝、大阪へ帰る機械商の男が高知市へ向かう船に乗ると、あとから支那そばやの娘も駆けこんでくる。前の晩おそく話がついていたのである。「機械商は不敵な笑みを浮かべ、膝を貧乏ゆすりさせながら、揉み上げの毛のゆらぐ、娘の横顔を見詰めていた。」

この小説では、商用の旅の男の話が、「凮」と同様、人物の心に入りこまない客観的視点をとることによって、なまなましく生きてくるところがある。だが、話はそれだけではない。もうひとつ、土地の若い巡査の自転車が船から海に落ちて、それを水から揚げるまでの話があり、その二つがうまく組みあわされている小説である。作者の旅の収穫なのか、四国のローカル・カラーが隅々まで細心に生かされていて、昭和二十年代の旅先の土地がそっくり目に浮かぶようだ。

もっとのちの永井龍男円熟期の名品に「息災」がある。二人の老女が大阪から姫路へ旅をする。姫路へ引越した仲間の家に泊めてもらうつもりだったが、駅へ出迎えたのは彼女の末息子の嫁さんで、「実は、お婆ちゃんが病気で」と言い訳され、白鷺城へ行くバスに二人だけ乗せられてしまう。二人は有名なお城は掛け茶屋に休んだだけで、その先の書写山円教寺まで行くことになる。そして、団体客のあとについて歩くうち道に迷い、谷へ入りこんで戻れなくなってしまう。

やがて日が暮れ、二人の老女は雑木林の落葉をかき集め、暖かい落葉の山に埋もれて眠る。朝になって一人が下山し、村人が山狩りに出る。五時間後にもう一人が発見されたとき、彼女は「落葉を鳥の巣のように集めて首だけ出し」、しくしく泣いていた。

作者は新聞記事を材料に話をつくったといい、「鳥の巣のように」云々は記事にあったことばらしい。それに触発された作者は現地へ行って取材もしたようで、老女二人の旅のてんまつが、いちいち手にとるようにわかる書き方になっている。「年寄りの、余り丈夫なのも、困りものですなあ」と村の駐在所の奥さんにいわせて、「息災」（達者で無事、元気なこと）というらまい題を引き出しているのである。

もう少し時代が下ると、戦後の外国体験ものが出てくる。開高健は、外国へ出る日本人がまだ少なかった一九六〇年代にたびたび出国の機会に恵まれ、その経験から彼の代表作が生まれている。

短篇としては、彼のアジアの旅の産物に「洗面器の唄」「飽満の種子」「貝塚をつくる」「玉、砕ける」などがあり、長編を含む外国体験ものにより開高健独特の文体が定まったように見える。なかでも最も成功していると思われるのが「洗面器の唄」で、六十年代半ばから何度も長期滞在したヴェトナムでの経験が、短く総括するように語られ、そのエッセイふうだが凝縮された語りが鮮明な印象を与える。話としては、ヴェトナム戦争の「従軍記者」の経験と、サイゴンの酒場の女チ・ハイとの経験の二つに絞ってある。

そのうち後者の話は、詩人金子光晴の戦前の旅の産物である「洗面器」という詩から導き出される書き方になっている。有名な金子の詩は、亜熱帯アジアの娼婦たちが洗面器にまたがって用を足す「しやぼりしやぼり」という「さびしい音」をうたったものだが、現代のヴェトナムのチ・ハイも同じように、ふと未明に起き出し、「アオザイをしなやかに脱ぎ捨て、洗面器でカメの水を汲みだして、ひそひそと、しゃぼりしゃぼりとさびしい音をたてて、体を洗う」のである。

ヴェトナム戦争さなかのサイゴンの、女の家での情事は、こんなふうに書かれる。文章の技巧をつくしたいかにも濃密な語りである。

はじめてここへつれてこられたとき、くたびれきった蚊帳《かや》のなかでチ・ハイの冷たいが熱い肉のなかに浸透しているさいちゅうに、ふいに大砲が吠えだした。蚊の唸《うな》りや蛙の大合唱を耳のうしろに聞いていているだけだった私は、夜と空をつらぬいてほとばしる砲声におびえて思わずとびあがり、びりびり揺れる壁のなかで、まったく萎《な》えてしまったものだった。チ・ハイは豆ランプのとぼしい灯のなかで、昼寝をさまたげられた子供のような眼になり、いぶかしそうに私を眺め、くすくすと低く笑った。そしてものうげに固くしまった、みごとな上半身を起すと、素早く手をうって蚊をつぶした。二発、三発、四発とほとばしる砲声のさなかで彼女は小首をかしげて蚊の羽音を聞きとり、ぴしゃりぴしゃりと、手をうち、やがて満足して、ゆっくりと体をたおしていった。壁が崩れ落ちそうな、耳もつぶれそうな砲声のさなかで蚊の羽音をさとく聞きつけるそのそぶりには、驚嘆せずにはいられない小さな永劫《えいごう》があるかのようで、しばらく私は声を呑んで見守ったものだった。しかし、今では、毎夜毎夜のことなので、永劫は消えてしまい、私は轟音がほとばしり殺到するさなかでも、チ・ハイの若い肉のひめやかなさざめきをひとつひとつ感じとり、味わうことができ、同時に後頭部のちょっと上あたりに漂う、しぶとい蚊の羽音も聞きつけられる。小さな、白い、チ・ハイの歯から洩れる呻吟《しんぎん》の抑揚に潮のうねりを、遠くからひたひたと寄せてくるそれや、ふいに耳のすぐよこで起る小さな炸裂を、いちいち鑑別することができ、さそわれて惑溺《わくでき》していく。荒寥が消えて、澄んだ湖の船着場の柱にたわむれる水のひそかな音や、不思議な遠い異景をまざまざと瞶めていられる。

「従軍記者」としての戦場の経験のほうは、次のような文章になっていて、そこにも洗面器が出てくる。戦場の洗面器は、兵士が飯を入れて持ち運ぶために使われている。

ジャングルのなかの戦闘は「ほとんど白兵戦に近い至近の接近戦」となり、どこから弾が飛んでくるかわからない。その危険のさなかに、ひとりのヴェトナム人の兵士があくまで日常的に淡々と、洗面器の飯を食べているのを「私」は目撃する。前の引用文のなかの「小さな永劫」とおそらく同じものが、戦場では「顕神の瞬間」を思わせるものになるのである。

……圧力波が殺到するのが頬に感じられ、発射音が聞えないのに眼前五センチか一〇センチのところで腐った樹皮が飛散したり、枝が消えたりした。そのとき私は彼を見た。一人の若い兵士が、洗面器を地べたにおき、そのまえにしゃがみこんで、茶碗に飯をすくい、箸でゆっくりと口へはこんでいるのを見た。汗みどろの私の血眼の一瞥でも彼が悠々と飯を口にはこんでいて、腰をぬかしてもいなければ、失禁もしていず、叫びもしなければ、蒼ざめてもいないのが見てとれた。その瞬間、ひときわはげしい一連射が起り、私の体のまわりで樹皮が飛び、葉が散り、枝が折れた。その兵士はひょいと洗面器を持ちあげると、ちょっと左へおいて、ふたたびしゃがみこんで飯を口にはこんだ。飯を頬張りつつ彼は自分のすぐよこで右へ左へころげまわっている私を、黒い眼でまじまじと眺めた。彼は私を見おろし、私は彼を見あげた。彼は私を蔑《さげす》んでもいなければ、憐《あわ》れんでもいず、自身を誇示する気配もなければ、絶望の微笑をうかべるのでもなかった。木洩れ陽のなかにしゃがみこんで、ただ飯を口にはこびつつ、まじまじと静かに私を見ていた。

これは恒常なのだろうか。

顕神の瞬間なのだろうか。

こんな前線での経験とは別に、サイゴンでの阿片吸引の経験が「飽満の種子」に、またシャム湾の魚釣りの経験が「貝塚をつくる」にそれぞれくわしく語られる。どちらも現地の華人とのつきあいが軸になる話である。

「玉、砕ける」では、香港の知識人張立人との関係で、文化大革命の時期の中国が問題になっている。張は「私」が香港を去る日に空港まで送りにきて、中国の有名作家老舎が紅衛兵に乱暴されたあげく「不自然死」をとげたというニュースを伝える。「私」はその前日、「天上澡堂」という銭湯で香港ふうの「あかすり」を経験し、灰色の「垢の玉」をもらって帰ったが、ティッシュ・ペーパーで大事にくるんでおいたその玉が、帰国の際にはすっかり乾いていて粉々に砕けてしまう。中華人民共和国に対する左翼のほうからの共感があえなく砕けていく話のようでもある。

ただ、老舎の死はかなり前、文革初期の一九六六年のことなので、多少不自然な話にもなっている。その時点ですでに世界を股にかけている「私」は、過去に香港へも何度か来ていて、その都度張立人と中国の知識人の問題を語りあってきたというのだが、一九七八年発表のこの作品で作者が実際に語っているのは、おそらく文革初期より十年はあとの経験だろうと思わざるを得ない。

「ある朝遅く、どこかの首都で眼がさめると、（略）帰国の決心がついているのを発見する。」というスタイリッシュな書き出しも、張立人という人物も、どこか現実味を欠いているという気がしないでもない。練達の技巧がつくされているが、このつくり方では、知識人の「苦悩」の現実味も、すでに半分風化したもののように見えてこないだろうか。

十九世紀ロシアの短篇小説の名手アントン・チェーホフは、四十四年の短い生涯のあいだに、大きな旅をいくつも重ねて作品を生み出している。チェーホフの小説というと、ウクライナのヤルタのような保養地の名が浮かんでくる。有名な「犬を連れた奥さん」がヤルタの話である。ヤルタはチェーホフが晩年に住んだ町だが、小説のなかではそこもひとつの旅先として語られている。

「美女」という短篇がある。こちらはウクライナではなく、ロシア南部の旅の話で、二章仕立てで二つの旅について語られる。一つは「わたし」が中学生のときのドン河流域の馬車の旅、もう一つは大学生になってからのハリコフのほうの鉄道の旅で、どちらの場合も旅先でたぐいまれなる美女を見かける。一方は完璧な「古典美」の持ち主、他方は逆に整いすぎた顔ではなかったが、どちらも疑いなく「本当の美人」だった。みずみずしい若い女性のほんとうの「美」の前で、人はほとんどことばをなくしてしまう。そして、感動と同時に一種の淋しさ、物悲しさの感情に襲われる。それは当の美女を含めたすべての存在の哀れさ、はかなさを思わされるような瞬間でもある。

そんな経験は、若いときの旅のひとこまとしてまことにわかりやすい。この小説では、実際その旅が目に見えるように描かれている。ドン河流域の乾燥地帯の炎熱と砂ほこりの道や、ひと休みしたアルメニア人の家の様子や、ハリコフに近い田舎の駅の暮れ方のプラットフォームや、そこをぶらつく乗客たちや、駅長一家が住んでいる駅舎と小さな庭など、いちいち記憶に残る。駅舎に住んでいる美女の近くには、駅の通信機械の前にじっと坐っている冴えない中年男の姿がある。疲れた顔色の車掌が、構内の柵に肘を突いて立ち、美女の立っていたあたりを悲しげに眺めている。……

「アリアドナ」も、同様に旅と美女の物語である。イタリアからロシアへ帰る男が、オデッサからセヴァストーポリへの船の甲板で語り出す話というかたちになっている。

男はモスクワに近い田舎の地主で、理想家肌で「愛を詩化し過ぎ」るタイプのため、愛する美女に振りまわされることになる。美女アリアドナはロシアの田舎暮らしに飽きてヨーロッパ世界へ飛び出していく。もちろんひとりではなく、男女の「獣的本能」を肯定するルブコフという妻子持ちの男と一緒に旅立つのである。

語り手のシャモーヒンは、結局アリアドナに保養地アバッツィア（現在クロアティアのオパティヤ）へ呼び出され、イタリアへ旅をしながら奇妙な三角関係にからみとられていく。優柔不断なシャモーヒンは、自分が理想化した美女のあらゆる欠点を知るために旅をするようなことになってしまう。彼が船の上で語り出すのはその幻滅のてんまつである。

アリアドナは旅先の社交世界で見栄を張り、男たちを誘惑し征服することに喜びを見出す。彼女はいわば男を魅惑しほろぼす「宿命の女」のようになっていくのである。

金のないルブコフはやがて逃げ出し、そのあとアリアドナに探入りするシャモーヒンも資産を失いつづけることになる。彼は「彼女の魔法にかかって全くの痴人になり果て」る。

そのあげく、旅の暮らしにも飽きた二人はロシアへ帰ってくる。シャモーヒンは船の上でそのてんまつを語りながら、「確信的な」女性嫌悪の思いと、世紀末ヨーロッパではやった「退化論」にかぶれたやや奇矯な主張を述べたてるのである。

　シャモーヒンにとって、ヨーロッパの旅と保養地の暮らしは、人間の堕落の危険に満ちたもので、特に女性はそこで文明の「退化」を体現するものになりかねない。そんな考えから、彼はロシアの田舎へ帰ろうと思うのだが、保養地でなければ我慢できなくなっているアリアドナは田舎を拒む。結局二人は、セバストーポリのあと、ウクライナの有名保養地ヤルタへ向かうことになる。……

「犬を連れた奥さん」は、そのヤルタで出会った中年男と若い人妻の話である。どちらも家族からひとり離れてヤルタへ来て、公園のテーブルで夕食をとりながらことばを交わす。その最初のことばが、「でも此処はほんとうに退屈で！」である。「退屈」というのは、当時の保養地の客の贅沢な通り言葉のようなものである。

　知りあって一週間たち、二人が一挙に親しくなる日が来る。中年男グーロフは女性経験豊富ながら、多分に女嫌いの気味のあるペシミストで、他方若いアンナ・セルゲーヴナは「躾けのいい純真な世慣れない女性の清らかさ」を持っている。そんな二人が結ばれるというのも旅先だからである。夢見心地の何日かを過ごすうち、グーロフも変わっていく。

「まったくの有閑三昧、誰かに見つかりはしまいかと四辺《あたり》を見廻しながらびくびくものでする昼日中の接吻、炎暑、海の匂い、絶えず眼さきにちらちらしている遊惰でおしゃれな腹一ぱい満ち足りた連中、そうしたもののお蔭で彼はまるでがらり別人になった観があった。」

そこへ彼女の夫から、早く帰ってきてほしいという手紙が届く。彼女は急にそわそわして、「わたしが行ってしまうのはいい事だわ」「これが運命というものなのよ」という。グーロフは、彼女が汽車に乗って夫の待つ家へ帰っていくのを見送る。停車場はもう秋の匂いがして、冷えてきている。「おれもそろそろ北へ帰っていい頃だ」と彼はプラットフォームを出ながら考える。「もういい頃だ！」と。

この話は、中年男が「避暑地の出来事」の夢から醒めて、一抹のわびしさと悔恨とともに、もとの自分へ帰っていくところで終わるのかと思うとそうではない。話はあと半分あって、グーロフは面白味のない妻と子供のいるモスクワの家へ帰ってから、またあらたな脱出の旅を企てる。それはアンナ・セルゲーヴナの住むS市へ行ってみることである。

彼はS市に着き、芝居の初日の劇場で彼女と再会する。その場面はみごとに書けていて、その後彼女がグーロフの住むモスクワへやってくるようになってからのこともリアルに読める。グーロフが学校へ行く娘を送りがてら、アンナ・セルゲーヴナに会いにこっそり彼女の宿へ行くところなど心憎いようだ。

ところで、ヤルタの出会いのあとの後半は、単なる後日譚というわけではない。作者は多少無理な感じでその先へ話を持っていく。二人の愛は当然深まっていくものとして、それぞれの虚偽の日常から二人にとっての真実の生活をどう生み出すかが問題にされるのである。その困難を前にして、「旅の終りまではまだまだ遥かに遠い」という終わり方になっている。（神西清訳）

食

昭和十四年、岡本かの子の死の直前に発表された作品に、彼女の短篇の代表作といえる「鮨」と「家霊」がある。どちらも「食」という観点から人間の生を浮き彫りにする書き方になっている。

ほかにかの子の「食」の小説としては、短篇ではないが、夫の生家の書生だった北大路魯山人をモデルにした「食魔」があり、また随筆のような小説のような「食魔《グルメ》に贈る」がある。後者は、外遊時のパリの名店の「食」の経験を具体的に語りながら、グルメの世界に半ば小説的に深入りしていく。そして、フランス人の「食」の神髄が独特に理想化されるところまで行く。大正時代の谷崎潤一郎の「食」の小説に短篇「美食倶楽部」があるが、こちらは中華料理の世界が多分にグロテスクな幻想につながっていく。谷崎、岡本の作品は、「食」の情熱の追及が半端でないというところが共通している。

「鮨」は「東京の下町と山の手の境目」の坂の町の鮨屋の話で、前半は店のひとり娘ともよを中心に、店主夫婦と客たちの姿が描かれる。戦前の鮨屋の店先の様子が活写される。若いともよが、客の湊という五十男を気にするようになることが語られ、やがて彼女はふとした機会に湊の生い立ちを直接聞かされることになる。この小説の後半は、店で「先生」と呼ばれている「憂愁の蔭を帯び」た独身男湊の、幼少時の特異な「食」の体験が語られるのである。

　幼いころ湊は、「大きな家の潰れるときというものは、大人より子供にその脅えが予感されるというものか、（略）子は母の胎内にいるときから、そんな脅えに命を蝕まれているのかもしれない」というような虚弱児で、いつも食事というものが苦痛だった。「体内へ、色、香、味のある塊団《かたまり》を入れると、何か身が穢れるような気がした。」がんばって食べようとすると吐いた。「口中や咽喉を極力無感覚に制御したつもりだが嚥み下した喰べものが、母親以外の女の手が触れたものと思う途端に、胃嚢が不意に逆に絞り上げられた。」

　そんな子供に母親が鮨を握って食べさせる場面が、後半の読みどころになっている。

かくて、子供は、烏賊というものを生れて始めて喰べた。象牙のような滑らかさがあって、生餅より、よっぽど歯切れがよかった。子供は烏賊鮨を喰べていたその冒険のさなか、詰めていた息のようなものを、はっ、として顔の力みを解いた。うまかったことは、笑い顔でしか現わさなかった。

　母親は、こんどは、飯の上に、白い透きとおる切片をつけて出した。子供は、それを取って口へ持って行くときに、脅かされるにおいに掠められたが、鼻を詰らせて、思い切って口の中へ入れた。

白く透き通る切片は、咀嚼のために、上品なうま味に衝きくずされ、程よい滋味の圧感に混って、子供の細い咽喉へ通って行った。

「今のは、たしかに、ほんとうの魚に違いない。自分は、魚が喰べられたのだ——」

そう気づくと、子供は、はじめて、生きているものを噛み殺したような征服と新鮮を感じ、あたりを広く見廻したい歓びを感じた。むずむずする両方の脇腹を、同じような歓びで、じっとしていられない手の指で掴み掻いた。

「ひ ひ ひ ひ ひ」

無暗《むやみ》に疳高《かんだか》に子供は笑った。……


漠然とした生の不安にとらわれた子供にとって、毎日食べさせられるものは、自分を脅かす外界のなまなましい触手のようなものかもしれない。それが口のなかへ入り込んでくる。彼はこわごわ舌先でそれに触れる。自分を圧倒するなまぐさい外界に息がつまりそうになる。ところが、この日の鮨は、自分を脅かすものの性質が不思議な「うまさ」のなかに溶けていった。頑固な隔ての膜が破れたように、少年の体が外界を受け入れた。

その瞬間をうまくとらえた一節だが、作者自身幼いころに似たような経験があったともいわれ、それが虚弱な男の子の経験として無理のないものになっている。彼は日ごろ、母親に対してももうひとつ「ほんものらしさ」の感じがもてなかったが、この瞬間から母親が母親になったというふうにも書かれている。
「家霊」も、東京の山の手と下町を結ぶ坂道の途中のどじょう屋の話で、その店内がこんなふうに描かれる。

湯気や煙で煤けたまわりを雇人の手が届く背丈だけ雑巾をかけると見え、板壁の下から半分ほど銅のように赭く光っている。それから上、天井へかけてはただ黒く竈《かまど》の中のようである。この室内に向けて昼も剥き出しのシャンデリアが煌々と照らしている。その漂白性の光はこの座敷を洞窟のように見せる許りでなく、光は客が箸で口からしごく肴の骨に当ると、それを白の枝珊瑚に見せたり、堆《うずたか》い皿の葱の白味に当ると玉質のものに燦《きらめ》かしたりする。そのことがまた却って満座を餓鬼の饗宴染みて見せる。一つは客たちの食品に対する食べ方が亀屈《かじか》んで、何か秘密な食品に噛みつくといった様子があるせいかも知れない。

その店の閉店間際にそっとやってくる彫金師の徳永老人がいる。彼は永年のあいだ店の「御飯つきのどじょう汁」の出前をとって食べてきた。が、不況と老いのため仕事がなくなり、店の勘定をためたまま、今夜もまた出前を無心しに来たのである。彼は店の者の前で、姿勢を正してむつかしい「片切彫」の所作を演じてみせる。永年みがいたその腕もいまでは衰えているが、彼はどじょう汁欲しさの所作の独演を今夜も立派にやってみせ、「ですから、どじょうでも食わにゃ遣りきれんのですよ」という。

別の晩には、床についた女主人のあと帳場に坐る娘に向かって、彼は掻き口説くようにめんめんと語る。彼は放蕩者の婿に捨ておかれて「生埋め」になっている女主人を慰めようと、片切彫りの百に一つの「いのちが刻み出たほどの作」が出来ると贈ってきた。そんな老人の語りは女主人に対する「恋」の物語なのだが、彼はいまではむつかしい仕事ができなくなり、女主人は寝ついて、もはや「恋」は終わってしまっている。

……「実を申すと、勘定をお払いする目当てはわしにもうありませんのです。心身も弱りました。仕事の張気も失せました。永いこともないおかみさんは簪《かんざし》はもう要らんでしょうし。ただただ永年夜食として食べ慣れたどじょう汁と飯一椀、わしはこれを摂らんと冬のひと夜を凌ぎ兼ねます。朝までに身体が凍え痺れる。わしら彫金師は、一たがね一期《いちご》です。明日のことは考えんです。あなたが、おかみさんの娘ですなら、今夜も、あの細い小魚を五六ぴき恵んで頂きたい。死ぬにしてもこんな霜枯れた夜は嫌です。今夜、一夜は、あの小魚のいのちをぽちりぽちりわしの骨の髄に嚙み込んで生き伸びたい――」

帳場の窓口に坐った娘は、老人の嘆願を黙って聞き終え、立ちあがる。そのあとの一節がまことにみごとだ。こんな書き方である。

くめ子は、われとしもなく帳場を立上った。妙なものに酔わされた気持でふらりふらり料理場に向った。料理人は引上げて誰もいなかった。生洲《いけす》に落ちる水の滴りだけが聴える。

くめ子は、一つだけ捻ってある電燈の下を見廻すと、大鉢に蓋がしてある。蓋を取ると明日の仕込みにどじょうは生酒に漬けてある。まだ、よろりよろり液体の表面へ頭を突き上げているのもある。日頃は見るも嫌だと思ったこの小魚が今は親しみ易いものに見える。くめ子は、小麦色の腕を捲くって、一ぴき二ひきと、柄鍋の中へ移す。握った指の中で小魚はたまさか蠢《うご》めく。すると、その顫動《せんどう》が電波のように心に伝わって刹那に不思議な意味が仄かに囁かれる――いのちの呼応。

くめ子は柄鍋に出汁《だし》と味噌汁とを注いで、ささがし牛蒡を抓《つま》み入れる。瓦斯こんろで掻き立てた。くめ子は小魚が白い腹を浮かして熱く出来上った汁を朱塗の大椀に盛った。山椒一つまみ蓋の把手に乗せて、飯櫃と一緒に窓から差し出した。

「御飯はいくらか冷たいかも知れないわよ」

老人は見栄も外聞もない悦び方で、コールテンの足袋の裏を跳ね上げて受取り、仕出しの岡持を借りて大事に中へ入れると、潜り戸を開けて盗人のように姿を消した。

戦後の食糧難の時代の「食」の小説として、武田泰淳の短篇「もの食う女」を見てみよう。武田は敗戦後の若い男女の関係を、端的に「食」と「性」の生理をとおして語ろうとしている。「私」は戦後の日々を「革命にも参加せず、国家や家族のために働きもせず、ただたんに少数の女たちと飲食を共にするために」生きている。そんな「私」は、つきあっている二人の女のうち、神経質で食欲がない美女の弓子ではなく、食欲旺盛な房子のほうに惹かれていく。だれもが貧しかった時代、房子はこわれた靴をはいて神田の喫茶店で立ち働いていて、客の「私」を好いているのだが、彼女の「恋愛感情と食欲の奇妙な交錯」の様子は店でもこんなふうだ。

私が弓子に会えないでムシャクシャして、久しぶりでその喫茶店へ出かけ、隅の席に腰をおろすと、彼女はすぐお辞儀をしてから注文をききます。それから勘定台の向う側のボーイに「私にもドーナツ一つ下さいな」とたのみます。ガラス容器の中に、チョコレートなどと一緒に並べてあるドーナツをボーイが一つつまみ出してくれる。すると彼女は私のほうへ横顔を向けたまま、指先でつまんだ上等のドーナツに歯をあてるのです。よく揚った、砂糖の粉のついた形の正しいドーナツを味わっている、その歯ざわりや舌の汁などがこちらに感じられるほど、おいしそうに彼女はドーナツを食べます。まるでその瞬間、その喫茶店の中には、いや、この世の中には彼女とドーナツしかなくなってしまったように。私が来たという安心、そのお祝い、それから食べたい食べたいと想いつめていた欲望のほとばしりなどで、彼女は無理して、月給からさしひかれる店の品物を食べてしまうのです。そこには恋愛感情と食欲の奇妙な交錯があるのです。

房子と「私」はたびたびデートをするが、そのとき何を食べるかがいま読むとおもしろい。ぶ厚いトンカツと渦巻きパンを食べながら日本酒を飲んだりする。あるいは、昼にトンカツと寿司を食べ、夜はまた同じトンカツと大福餅を食べる、といった具合である。戦後ようやく食べものが出まわり始めたころの「食」の混乱が、リアルに甦る書き方である。

房子は食べながら「恍惚と酔った風」になり、「私を見つめる目が、遠くの山でも眺めている感じにな」る。そんな房子を見ると、すでにほろ酔いの「私」はその場で接吻せずにはいられない。男の「私」は食欲と性欲がそのままつながっているというより、ものを食べる代わりに女の体を「食べ」たがるというふうだ。

房子を家へ送る夜道で乳房を出させて口に含んだりする場面がある。「彼女は一瞬のためらいもなく、わきの下の支那風のとめボタンを二つはずしました。白い下着が目をかすめたかと思う間に、乳房が一つ眼前に在りました。」別れたあと、「私」は彼女の乳房をほんとうに食べてしまったようで気持ちが混乱する。「彼女の好意、彼女の心を、まるで平気で食べてしまった」というように。

食欲が満たされた彼女の素直さあるいは好意を、「あれは何だろうか」「食べること、食べたことの興奮が、乳房を出させるのか」「あれは愛か」と驚く混乱した思いがそのまま、「私」のほうの愛の感情になっていくようである。

谷崎潤一郎「過酸化マンガン水の夢」は、敗戦後十年、昭和三十年の作である。七十歳の「予」が家族連れで熱海から上京、一泊して翌日遅く帰り未明に眠るまでのことが日記体で語られる。まだ米兵やパンパンが目立つ東京で「予」が用事をすませて観にいくのは、日劇ミュージック・ホールのストリップ・ショウとシモーヌ・シニョレ主演のフランス映画「悪魔のような女」である。

それら観たものの説明がくわしいが、二日間に食べたもののことも同様にくわしく、メニューがすべて書きこんである。一日目の夕食は中華料理、二日目は「辻留」の京料理である。京料理のメニューは「ふくこ（鱸《すずき》の子）の洗い、さゝ掻き牛蒡《ごぼう》と泥鰌《どぢょう》の赤だし、茄子《なす》と豇豆《さゝげ》の胡麻あえと鰯の生薑《しょうが》煮と梅干の小皿、小芋を揚げたのと鶏のじく煮と栗麩の小皿、素麺の小皿、飯を円く型で打ち出したものに奈良漬と生薑をそえた小皿、鱧《はも》のつけ焼と待望の牡丹鱧」で、「なおその外に京より取り寄せた鮎の大きいのがありますからとてその塩焼に蓼酢《たです》を出したが、これは全く予期しなかった珍味であった。」

　武田泰淳の小説の若い男女とは違い、こちらは食通の老大家とその家族の食事だが、「食欲」ということでは若い人に負けていない。そのため、「予」は食べすぎて、熱海へ帰ってからも腹が重くてなかなか寝つけない。この小説は、その「半醒半睡」の状態で見る夢の話になるのだが、夢の入口の想念がまずこんなふうに語られる。

……予は胃袋が充満して腹部がひどく圧迫されつゝあるのを感じ、彼方へ寝返り此方へ寝返りして睡眠剤が早く利いて来るようにと願いながら、昨夜の牡丹鱧のことを考えていた。鱧の真っ白な肉とその肉を包んでいた透明なぬる〳〵した半流動体。それがまだその姿のまゝで胃袋の中で暴れているように思う。鱧の真っ白な肉から、浴槽の中で体じゅうの彼方此方を洗っていた（ストリップ・ショウの）春川ますみの連想が浮かぶ。葛の餡かけ、……ぬる〳〵した半流動体に包まれていたのは鱧ではなくて春川ますみ、……いや、いつの間にか（「悪魔のような女」の）

ドラサール学園の校長ミシェルが浴槽にいる。シモーン・シニョレの情婦がミシェルを水中に押し込んでいる。ミシェルはもう死んでいる。濡れた髪の毛がべったりと額から眼の上に蔽いかぶさり、その毛の間から吊り上った大きな死人の眼球が見える。

だが、やがてそれが夢に移行して、朝食のレッド・ビーツのために西洋式便器のなかが真赤に染まって過酸化マンガン水のようになるさまが浮かび、そこに浮いている糞便が「他の物体の形状を思い起させ、人間の顔に見えたりもする。今夜はそれが、あのシモーン・シニョレの悪魔的な風貌に、……あれが紅い溶液の中から予を睨んでいる。予は水を流し去ることを躊躇してじっとその顔を視つめる。……と、その顔が粘土が崩れ出したように歪み、曲りくねって又一つに固まり、ギリシャ彫刻のトルソーのようになる。」

そしてそれはついに、中国の「史記」にある漢高祖の戚夫人の姿に変わる。「手足を断たれ、眼を抜かれて厠の中に置かれた」夫人の胴体、「牝豚《めすぶた》の肉のかたまり」のようなものに変わっている。……

老人の過食のあげくの悪夢が、京料理と女体と女の顔と糞便と古代女性の肉のかたまりとが、やがて混然一体となるように語られる小説である。

昭和三十年代前半にデビューした開高健は、その後世界を旅して、特に人間の「食」についてくわしく語るようになる。随筆がうまかった人で、『小説家のメニュー』という本には、彼の世界大の「食」の体験が生き生きと語られている。
ネズミ料理の話から文章見本を一つあげておく。

それ以後は、東南アジアへ出かけていく折があれば必ず、ネズミ料理を食べることにしている。その肉はあっさりとして食用ガエルやトリ肉に似ているが、カエルのように水っぽくはなく、トリよりは野性味があり、もっとコクがあって精妙である。うまいのは首のうしろ、わき腹、それから四本の足のつけ根の肉。煮てよし、焼いてよし、揚げてよし、炒めてもいい。珍味であり、美味である。奇味であり、魔味でもある。

これは随筆の文章だが、「貝塚をつくる」という小説では次のような文章になる。旧サイゴンの華人の街ショロンの釣り名人の蔡という実業家の家の宴席の様子である。

夕方六時にショロンの彼の家へいくと、屋上に案内された。そこでヴンタウへでかける前夜とおなじようにさっそく饗宴がはじまった。一つの大テーブルの中央に直径が一メートルほどもある真鍮製の巨大な火鍋をすえつけて炭火をたっぷり底へ入れる。もう一つの大テーブルに牛、豚、鹿などの肉の山を並べ、そのよこにカニ、エビ、イカ、石斑魚、春雨、魚の浮袋、豚の網脂、春菊、豆腐、香菜《シャンツァイ》などをこれまたそれぞれ小山のように盛りあげて並べる。たくさんの中皿が並んで香辛料が入れてあるが、それは澄んだニョク・マム、赤いニョク・マム、花椒塩、蝦油、芝麻醤、醤油、マスタード、ケチャップ、酢、赤い唐辛子、緑の唐辛子などである。そのまわりに彼の仕事仲間、賭博仲間、釣り仲間などの老朋友や大人《たいじん》などがすわり、悠々と箸を使って、とめどない食事と乾杯にふけりはじめるのである。……

「私」と蔡はそのあと、飛行機でメコン・デルタを越えてシャム湾の島へ激しい「男の釣り」をしにいく。無数の魚が釣れたなかから石斑魚（ハタ）だけを選んで、赤い模様のついた「紅斑」を清蒸にして食べる場面がある。

「その紅斑のどこがうまい？」

私が声をかけると、後姿のまま、彼は魚の、頭、目玉、唇、下腹、内臓などを順に指でついていき、さいごに背と横腹の肉をポン、ポンとつき、私が微笑するのを見て、ニヤリと笑った。やがて清蒸ができあがると、彼は、私や、漁師夫婦や、二人の少年を呼んで食べさせ、ときどき自分も箸をだして、うなずいたり、かるく舌うちしたりする。

「うまい。すばらしく、うまい！」

ときにはほのかに酒の香りがそえてあったりするその白い、脆い魚肉の気品ある淡麗さに私は思わず声をあげる。エビは小さいの。カニはたいていどれでも。この二つをのぞくと南方の海の魚は大半が大味で、ときには妙な脂臭があり、干魚や塩漬にでもしないかぎりあまり食べられたものではないと私はかねがね思っているのだが、石斑魚だけは、とくにこうして清蒸にしたとき、例外的に傑出している。ちょっとした菜館の食譜にはきっと清蒸石斑の字がある。しかし、こうして砂浜におびただしい用具と香辛料、それも多年の手沢でどれもこれもがねっとりと脂光りして、道具というよりはまるでペットのようにうずくまったり、よこになったりしているのを見ると、蔡の食欲の徹底ぶりに感服せずにはいられない。他の国ならいざ知らず、これだけ多年にわたってひっきりなしに戦争のおこなわれてきた国で、銃声をよそに、この男は海岸でひたすら釣り、ひたすら料理し、ひたすら食べることに余念がなかったらしいのだ。以食為天、悠々蒼天も、ここまでくると、呆れたり、感嘆したりするよりさきに、ただ声を呑むしかない至境かと思えてくる。

「食」の欲望を徹底的に追い求める生き方に感嘆し、その姿に「冷徹な賢者の片影」を見るというのは、東南アジアの華人を描くときの開高の一種の理想化の筆法でもあろうが、この小説には、魚をむさぼるばかりではなく、果物のドリアンを夜の船に乗せて、その香りに身をまかせる「忘我」の境地について語られる一節もある。選ぶのがむつかしいドリアンを「厳選」するのも同じ蔡である。

……蔡は竹籠をおろさせるとドリアンを一箇ずつとりあげ、尻の匂いを時計工のようなまなざしで嗅ぎ、もとにもどした。三箇のうち一箇を籠にもどし、二箇を漁師のおかみさんにわたし、もっといいのと替えてこいと、きびしい口調で命じた。しばらくしておかみさんが二箇持ってもどってくると、蔡はまた時計工の視線で一箇ずつ尻の匂いを嗅ぎ、しぶしぶ満足したそぶりで二箇とも籠に入れた。

彼は敬意をこめて、

「ドリアンはむつかしいんだ」

呟いた。

「犬を選ぶのとおなじくらいむつかしいよ」

おそらく彼の精妙と熟練のおかげだと思うが、ヴンタウ沖でも、ここでも、毎日私はドリアンをたのしんでいる。これまで私はその果肉の魔味をアパートでも料理店でも、すべて室内でむさぼってきたが、蔡は夜の海上での魅惑をはからずも教えてくれた。蔡の厳選したこの果実をサンパンの舳にころがし、もしそれが風上であると、一晩じゅうたえまなく微風、軟風のたびに香りが流れ、きれぎれながらいつまでもつづく。豊熟の一歩手前のこの果実はむんむんと芳烈な香りのさなかにくっきりと爽涼をも含み、まるで細い、冷たい渓流が流れるようなのだ。豊満と爽涼のこの鮮やかな組合わせがあまりに絶妙なので、いつまでも味わっていたくなり、果肉を食べるのをあとへあとへとのばしたくなる。この香りがあるためにしばしば私は全身にねばつく潮や、きしむ背骨や、板のように張りつめたり縄のようによじれたりする筋肉の苦痛などを忘れ、春の温室にさまよいこんだような忘我に浸ることができる。……

開高にはヨーロッパの経験もあり、そちらから生まれた短篇に、フランス・ワインの話の

「ロマネ・コンティ・一九三五年」がある。実業家と小説家が、おそらく一九七二年の東京で、一九三五年産の名高い古酒を飲む話である。それを飲む前に、二人はまず「ロマネ・コンティ」の隣りの畑の「ラ・ターシュ」の若いワインを飲んでみる。それも同じロマネ領の極上品にはちがいない。その飲み心地がまずくわしく語られる。

……小説家は耳を澄ませながら深紅に輝く、若い酒の暗部に見とれたり、一口、二口すすって噛んだりした。いい酒だ。よく成熟している。肌理《きめ》がこまかく、すべすべしていて、くちびるや舌に羽毛のように乗ってくれる。ころがしても、漉《こ》しても、砕いても、崩れるところがない。さいごに咽喉へごくりとやるときも、滴が崖をころがりおちる瞬間に見せるものをすかさず眺めようとするが、のびのびしていて、まったく乱れない。若くて、どこもかしこも張りきって、潑剌としているのに、艶《つや》やかな豊満がある。円熟しているのに清淡で爽やかである。つつましやかに微笑しつつ、ときどきそれと気づかずに奔放さを閃めかすようでもある。咽喉へ送って消えてしまったあとでふとそれと気がつくような展開もある。

そのあと、二人は緊張して「ロマネ・コンティ」の古酒と向きあうが、いざ飲んでみると、その酒はすでに死んでいることがわかる。

くちびるから流れは口に入り、ゆっくり噛み砕かれた。歯や、舌や、歯ぐきでそれはふるいにかけられた。分割されたり、こねまわされたり、ふたたび集められたりした。小説家は椅子のなかで耳をかたむけ、流れが舌のうえでいくつかの小流れと、滴と、塊りになり、それぞれ離れあったり、集りあったりするのをじっと眺めた。くちびるに乗ったときの第一撃にすでに本質があらわに、そしてあわれに姿と顔を見せていて、瞬間、小説家は手ひどい墜落をおぼえた。けれど、それが枯淡であるのか、それとも枯淡に似たまったくべつのものであるのかの判断がつきかねたので、さらに二口、三口、それぞれのこだまが消えるのを待って飲みつづけなければならなかった。小説家は奪われるのを感じた。酒は力もなく、熱もなく、まろみを形だけでもよそおうとする気力すら喪っていた。ただ褪せて、水っぽく、萎びていた。衰退を訴えることすらしないで、消えていく。どの小流れも背を起さなかったし、岸へあふれるということもなかった。滴の円周にも、中心にも、ただうつろさしかなく、球はどこを切っても破片でしかなかった。酒のミイラであった。

小説家は「瓶の下半身四分の一は渣滓《おり》で飲めな」くなっている死んだ酒をなお飲みつづけながら、パリで関係をもったスウェーデン女性のことを思い出す。記憶の断片が甦るというのではない。彼女がもっと全体的な「一人の女として瓶のなかからあらわれ」出るのである。「思いもかけないことであった。もうあとわずかしかのこっていない。一滴ずつ噛んでみることだ。」

死んでいくワインが瓶のなかから生み出す、盛りを過ぎた妖艶な女体、というイメージは幻想的かもしれない。が、それにつづく部分、末尾に至る三分の一ほどは、スウェーデン女性との冬のパリの一夜をきわめてリアルに書きこんだものになっている。

少　年

ユング派の心理学には「集合的無意識」とか「元型」とかいった考えがあり、人間の無意識のなかの多くの元型のひとつに「永遠の少年」という元型があるとされる。「永遠の少年」の元型に同一化しがちな人は、自らのうちに「童児神」を大事に守って、しばしばそれを手放すまいとする生き方になることがある。

私の考えでは、過去の日本の作家にはそんな「永遠の少年」タイプが少なくなかった。作者自身の少年性を魅力的に語った少年の物語がいろいろとあるが、直接少年を語るのではなく、大人の話でありながら少年性の物語のように読めるものをひとつあげておきたい。

坂口安吾の「私は海をだきしめていたい」という短篇である。作者自身のような大人の男が女と暮らす話なのだが、じつは「私」という語り手の「永遠の少年」らしさをあけすけに語ったようなものになっている。

「私」という男は「一人の女に満足できる人間ではな」く、「むしろ如何なる物にも満足できない人間であ」り、「常にあこがれてい」て、「もはや恋をすることができない」。「なぜなら、あらゆる物が『タカの知れたもの』だということを知ってしまったから」である。それでもその「タカの知れた何物かと遊ばずにいられな」いのは一種の「仇心」といったものがあるからである。

彼の同棲相手の女性は美しい体の持ち主だが、「淫蕩」なのに「肉体の喜びを知らない」「不感症」なのだという。「私」はその「虚しい肉体」を前にして、「不思議に、むしろ、清潔を覚えた。私は私のみだらな魂がそれによって静かに許されているような幼いなつかしさを覚えることができた。」「私はただ虚しい影を抱いているその孤独さをむしろ愛した。」「私は孤独というものを、見つめ、狙っているのではないかと考えた。」

以上、短い作品のなかから目立つことばを拾ってみたが、「永遠の少年」の元型に同一化しがちな人の一面、すなわちプラス面ではなくマイナス面の特徴がきわめてよく出ているというふうに見える。

ユング派心理学によると、そのタイプの人は、往々にして永く思春期心理にとどまりたがり、現実がすべてではないと考え、目の前の現実になかなか本気になれない。自らを「特別な存在」と見て適応の必要を認めないこともある。彼にしてみれば、すべてが不足な「仮の人生」を生きているにすぎない。彼はしばしば空想的に生きながら、一切を「タカの知れたもの」と見る達観した態度をとりがちである。

縛られること、責任を負うことを何より嫌うので、日常的現実から遊離して、たとえば空を飛び、高山へ登ることを好む。死の誘惑にも誘われやすい。「私は海をだきしめていたい」の「私」は、「犬ころのように女の肉体を慕」いながら、少年の自己愛の孤独に慰めを見出しているようであるが、同時にこんなことを思っている。「私の本当の喜びは、あるときは鳥となって空をとび、あるときは魚となって沼の水底をくぐり、あるときは獣となって野を走ることではないだろうか。」

「永遠の少年」の心理の大もとには厄介な母親コンプレックスがひそんでいる。坂口安吾の短篇の最後に現れるのも、同棲相手の女やそれにつながる自分を呑みこんでしまうようなもっと大きな存在、端的に母なるものを思わせる「海」である。「海という肉体」である。「私の肉欲も、あの海の暗いうねりにまかれたい。あの波にうたれて、くぐりたいと思った。私は海をだきしめて、私の肉欲がみたされてくれればよいと思った。私は肉欲の小ささが悲しかった。」

坂口安吾と同世代の同じ「無頼派」に織田作之助がいる。彼は「六白金星」で「妾の子」の兄弟の話を世間話ふうに語って、戦前の関西の人間世界をなまなましく描き出しているが、「アド・バルーン」のような作品には、作者自身の少年期の記憶をたっぷり盛りこんでいる。織田作之助は、大阪のミナミの繁華街、道頓堀や千日前の東にあたる緑豊かな高台に育った。寺が多く、俗に「上町」と呼ばれる土地だが、「東京の山の手といったような意味も趣きもな」く、たくさんある路地や坂道は「大阪町人の自由な下町の匂いがむんむん漂うて」いた。(「木の都」)

その「上町」から坂道を下って、二ツ井戸や道頓堀の夜の世界に誘いこまれていく少年の心が語られる部分を「アド・バルーン」から二箇所引いてみる。落語家の息子十吉の少年時代、元芸者の継母浜子に連れられて、坂の下の盛り場の夜店をはじめて見にいく場面である。

……私はしびれるような夜の世界の悩ましさに、幼い心がうずいていたのです。そして前方の道頓堀の灯をながめて、今通って来た二ツ井戸よりもなお明るいあんな世界がこの世にあったのかと、もうまるで狐につままれたような想いがし、もし浜子が連れて行ってくれなければ、隙をみてかけだして行って、あの光の洪水の中へ飛び込もうと思いながら、「まからんや」の前で立ち停っている浜子の動き出すのを待っていると、浜子はやがてまた歩きだしたので、いそいそとその傍について堺筋の電車道を越えた途端、もう道頓堀の明るさはあっという間に私の軀をさらって、私はぼうっとなってしまった。

おもちゃ屋の隣に今川焼があり、今川焼の隣は手品の種明し、行燈《あんどん》の中がぐるぐる廻るのは走馬燈《まわりあんど》で、虫売の屋台の赤い行燈にも鈴虫、松虫、くつわ虫の絵が描かれ、虫売りの隣の蜜垂《みた》らし屋では蜜を掛けた祇園だんごを売っており、蜜垂らし屋の隣に何屋《なにや》がある。と見れば、豆板屋、金平糖《こんぺいとう》、ぶっ切り飴もガラスの蓋の下にはいっており、その隣は鯛焼屋、尻尾まで餡《あん》がはいっている焼立てで、新聞紙に包んでも持てぬくらい熱い。

この先もっとくわしく書き連ねながら、「お午《うま》の夜店」の賑わいに「夜の蛾のように」あこがれる少年の心が語られていく。「アド・バルーン」は、昭和二十年三月の大空襲により大阪がすっかり焼けたあとに書かれている。作者は大阪の街とその繁栄と自らの少年時代がすべて失われたあとから振り返って語っているのである。哀惜の心がめんめんたるくわしい語りを生んでいるのがわかる。

少しさかのぼって、大正時代に愛すべき短篇小説がたくさん生まれたことを見ておきたいと思う。その時代の短篇の名手といえば、まず志賀直哉や芥川龍之介の名が浮かぶ。彼らは揃って「少年」を描いた名品を残している。

志賀直哉の作品には、子供をうまくスケッチして生かしたものが少なくないが、たとえば「真鶴」では、ひとりの少年のある日の経験が語られ、彼の心の小世界が、間然するところなくみごとに浮かびあがってくる。

少年は十二、三歳、伊豆の真鶴の漁師の子で、彼の経験というのは「初恋」である。少年は小さい弟を連れて小田原まで下駄を買いにいく。小田原では下駄の代わりに水兵帽を買ってしまい、その帰り道、海際の高いところを歩きながら「独り物思いに沈んで居る。彼は恋と云う言葉を知らなかったが、今、其恋に思い悩んで居るのであった。」

だれに対する初恋かというと、それが小田原の町で見かけた法界節《ほうかいぶし》の一行のなかの三十女なのだ。「彼は嘗てこれ程美しい、これ程に色の白い女を知らなかった。彼はすっかり有頂天になって了った。それから彼は一行の行く所へ何処までも従いて行った。」

その小田原からの帰り道、彼の心は「恋に悩ましく」、海の波音にも法界節の琴や月琴の音色と女の肉声を聞きとらずにいない。日が暮れかけ、漁火が見え始めるころ、とつぜん「熱海行きの小さい軌道列車が大粒な火の粉を散らしながら、息せき彼等を追い抜いて行」く。汽車には法界節の一行が乗っているらしいのである。

少年は疲れきった弟を背に負い、真鶴をさして歩きつづける。彼は、汽車が脱線して法界節の女が崖下へ転げ落ちるところを思い描いたりする。そして「不意に道傍から其女の立ち上って来る事を繰り返し〳〵想像し」「彼は実際に女が何処かで自分を待って居そうな気がして居た。」

小田原で買った小さな水兵帽をかぶり、眠りこんで重くなった弟をおぶった少年は、腕が抜けそうになるのを我慢しながら、「首を亀の子のように延ばして、エンサエンサと云う気持で歩いて行」く。それは恋に悩む少年の心が自分を励ます「エンサエンサ」でもあるにちがいないが、やがて行手の闇のなかに、提灯をもって迎えにきた母親の姿がふと現れ出る。……

「真鶴」に刺激されて生まれた芥川龍之介の作品に「トロッコ」がある。こちらは「真鶴」に出てくる小田原熱海間の軽便鉄道の建設工事が始まったばかりのころの話である。芥川は湯河原出身の人から聞いた話を書いたといわれている。

鉄道工事現場のトロッコに乗せてもらった八歳の少年の話である。トロッコで思わず遠くまで行ってしまい、土工たちにもう帰れといわれて驚き、長い道を走って帰るところが「真鶴」の帰り道と重なってくる。日が暮れかかり、少年は無我夢中で走りつづけて喘《あえ》ぎ喘ぎ村へ帰り着く。すでに電燈がついて明るい雑貨屋や床屋の前を走り過ぎる。大人に声をかけられてもものもいわない。そして家の門口へ駆けこむや否や大声で泣きだす。「彼は何と云われても泣き立てるより外に仕方がなかった。あの遠い路を駆け通して来た、今までの心細さをふり返ると、いくら大声に泣き続けても、足りない気もちに迫られながら、……」

「真鶴」では、最後に母親に背負われて大泣きに泣くのは幼い弟のほうである。「トロッコ」が「真鶴」と違うのは、末尾の四行、主人公の良平が二十六歳になり、少年時の経験が振り返られるという一節があることで、こんな文章になっている。

良平は二十六の年、妻子と一しょに東京へ出て来た。今では或雑誌社の二階に、校正の朱筆を握っている。が、彼はどうかすると、全然何の理由もないのに、その時の彼を思い出す事がある。全然何の理由もないのに？――塵労に疲れた彼の前には今でもやはりその時のように、薄暗い藪や坂のある路が、細細と一すじ断続している。……

谷崎潤一郎の「少年」は明治末年の作だが、志賀、芥川作品とは趣きが異り、子供たちの遊びが知らず知らず性的に危険なものになっていく話である。明治の東京下町の金持ちの家、その御殿のような屋敷のなかが「凡界の者の夢みぬ」「恐ろしい不思議な国」のようになっていく。子供たちは遊びのなかで、サディズムやマゾヒズムやフェティシズムのとばくちを覗くような経験をするのである。

あげくに、唯一の女性である光子に三人の男の子が征服されてしまうという運びになる。広大な屋敷には光子の領分である西洋館があり、洋行した父親が持ち帰った西洋のものがたくさん詰まっている。少年たちの遊びはそこでもっと発展させられることになる。「光子は増長して三人を奴隷の如く追い使い、湯上りの爪を切らせたり、鼻の穴の掃除を命じたり、Ｕｒｉｎｅを飲ませたり」するようになるのである。

この小説は、性的逸脱をテーマにしながら、前半は他愛のない子供の遊びの話に終始しているように見える。だが後半、少年たちが光子の西洋館へ入りこんでから、話は一気に逸脱が進んで、やや異様なものになる。光子は性悪で蠱惑《こわく》的な西洋女のような姿になっていく。男を破滅させる「宿命の女」の世紀末的イメージが呼びこまれているようである。

谷崎潤一郎の短篇では、ほかに大正七年の「小さな王国」がある。小学校教員貝島昌吉の受持ちクラスの少年たちの話で、ここでもありふれた子供の世界が、次第に奇妙な逸脱を始めるさまが語られている。ただしそれは、個人的性的な逸脱ではなく、もう少し深刻な、社会的経済的逸脱ともいうべきものになっていく。

貝島のクラスは、ひとりの転校生の出現により変わり始める。その沼倉庄吉という転校生は、「顔の四角な、色の黒い、恐ろしく大きな巾着頭のところぐ〲に白雲の出来て居る、憂鬱な眼つきをした、ずんぐりと肩の円い太った少年」だが、不思議な力を持っていて、すぐさま級友たちの人望を集め、クラスを支配するようになる。貝島はそのことに多少危惧をいだきながらも、教室運営のため沼倉少年の力を利用しようとする。

そこまでは、いわばありがちな子供の世界の話なのだが、そのあとの展開はふつうではない。後半、話はきわめて自然に逸脱の道をたどることになる。

子供たちは沼倉を大統領にいただく「共和国」をつくり、一般の社会とは別の「貨幣制度」を考え出し、沼倉の印のある紙幣を流通させるのである。品物を売買する秘密の市場が生まれる。共和国独自の経済社会は、それなりに機能して、子供たちの富の平均化ということが起こる。そして、皆が沼倉の「善政」を喜ぶようになる。さしずめ、空想的社会主義がやすやすと実現してしまうといった話になっているのである。

教師の貝島は大人数の家族をかかえて貧窮に苦しんでいる。地方都市の小学校教師の貧しい暮らしがくわしく描かれ、追いつめられた貝島がやや異常な心理になるさまが語られる。やがて彼は、子供たちの共和国に入れてもらい、沼倉少年の家来になることを申し出るのである。

社会の現実の大もとを子供たちが揺るがし、大人がその動きに巻きこまれていく話だともいえる。そんな動揺の中心にいるのが、ふつうの子供とは多分に「毛色の違った餓鬼大将」である不思議な沼倉少年なのである。

三島由紀夫の短篇「サーカス」は、敗戦直後の昭和二十二年の作である。サーカスの馬乗りの少年と綱渡りの少女の話が、サーカスの団長の側から語られている。彼は「酷薄」とか「残忍」とかいわれる厳しいリーダーだが、彼の折檻に耐えて妙技を見せる少年と少女を心から愛するようになる。少年は王子の装いで馬に乗り、少女は美しい銀色の靴をはいて綱を渡りながら、満員の客の喝采を浴びている。それを見る団長の「瞳は人間が人間を見るときのやさしさで潤んでいた。」

団長にとって少年と少女は、自らの内なる少年性を投影し理想化する対象のようになっている。彼は「いつかあの綱渡りの綱が切れ、少女は床に顚落し、とらえそこねた少年は落馬してクレイタ号の蹄にかけられる有様」を思い描き、理想的な少年像を悲劇の色に染めようとする。それは「団長の至大な愛がえがいていた幻影」なのである。

ところがその幻影は、やがてほぼそのまま現実になってしまう。じつはそれはあらかじめ仕組まれていて、団長の腹心の男がひそかに手がけた「立派な仕事」だった。団長はそれを聞いて「上機嫌をかくせない苦《にが》い顔」をする。そして、「『王子』が死んでしまった今では」「サーカスは終ったんだ」と宣言する。ほどなく、少年と少女の粗末な柩を乗せた荷車が彼の目の前を通っていく。

作者の少年時代がすでに終わり、大学卒業後大蔵省へ就職する直前の二十二歳の年の作品である。

同世代の安岡章太郎も、昭和三十年に「サアカスの馬」を書いている。靖国神社の隣りの旧制中学の窓から、神社の例大祭のサーカス小屋が見える。そこのテントの蔭に一匹の痩せた馬がいる。背骨がたいそう彎曲して凹んでいる。劣等生の「僕」は、廊下に立たされながら、その貧弱なカタワの馬について「いろいろに考えることが好きにな」る。そんな「僕」という少年は、三島作品の少年像とはまるで違い、ぐずぐずと怠けながら、何ごとによらず「まアいいや、どうだって」と思うところがある。彼は、テントの裏にひっそりとつながれている馬もそうつぶやいているのではないかと、同類視するような気持ちになるのである。

ところが、ある日テントへ入ってサーカスを見物すると、その馬が登場し、曲芸師が高いポールの上から弓なりに凹んだ背中に飛び乗り、馬は「長年きたえぬいた巧みな曲芸をみせはじめ」る。その貧弱な馬から「馬本来の勇ましい活溌な動作」が生まれ出、さまざまな演技がくり出される。「おどろいたことに馬はこのサアカス一座の花形だった」のである。ちょうど醜いあひるの子が美しい白鳥に一変したような目覚ましさがあったわけである。

大江健三郎の登場は昭和三十二年。そのころの短篇には、若い作者の少年性が魅力的に生かされているものが少なくない。なかでも「飼育」は、少年の目で人間を動物のようにとらえる書き方で生命感あふれる世界をつくり出している。少年の無心な目が、一人の黒人を一匹のみごとな動物に変貌させる。三島由紀夫はそれを、作中人物が動物化する「メタモルフォーシスの物語」だといった。

戦時中の山村に米軍の飛行機が墜落し、捕えられた黒人飛行兵が村人たちに「飼育」される話である。彼は地下倉に囚われて食物を与えられるが、彼がはじめて飲み食いするのを覗き見する少年の目がよく生きている一節を見ておきたい。

しかし、黒人兵はふいに信じられないほど長い腕を伸ばし、背に剛毛の生えた太い指で広口瓶を取りあげると、手もとに引きよせて匂いをかいだ。そして広口瓶が傾けられ、黒人兵の厚いゴム質の脣が開き、白く大粒の歯が機械の内側の部品のように秩序整然と並んで剥き出され、僕は乳が黒人兵の薔薇色に輝く広大な口腔へ流しこまれるのを見た。黒人兵の咽《のど》は排水孔に水が空気粒をまじえて流入する時のような音をたて、そして濃い乳は熟れすぎた果肉を糸でくくったように痛ましくさえ見える脣の両端からあふれて剥き出した喉を伝い、はだけたシャツを濡らして胸を流れ、黒く光る強靭な皮膚の上で脂のように凝縮し、ひりひり震えた。僕は山羊の乳が極めて美しい液体であることを感動に脣を乾かせて発見するのだった。

たしかにこれは、黒人というものをはじめて見た子供の驚きと好奇心の純粋なあらわれにちがいないが、それは同時に当時の日本社会が示した素朴な反応でもあったので、いまこんなふうに書くことはたぶんもうできなくなっている。

地下倉から出された黒人兵と少年たちが戸外で水浴びをする場面がある。動物的生命同士の「共生」のよろこびが語られ、「セクシャルな関係」という考えが強く出ている。

とはいえ、黒人兵はいつまでも無事ではいられない。やがて彼は県に引き渡されることになり、彼はそれを察知し、少年の「僕」を人質にして地下倉に立てこもる。大人たちが「僕」を救おうとする。「僕」の父親が鉈《なた》で黒人を叩き殺すが、同時に「僕」の手をもくだいてしまう。「僕」はその後、手の傷が癒えるのを孤独に待ちながら、自分がかつての仲間たちからすでに遠くなっているのを感じる。「僕はもう子供ではない、という考えが啓示のように」心を満たすのである。その「僕」の目の前に、暮れ方の「橇《そり》あそびの子供たちが急激に黒ぐろと牧神のようにそびえたってくる。」

これも作者二十二歳の作で、少年時代を愛惜し理想化する一種の牧歌として書かれているようにも見える。

大江健三郎と同世代の古井由吉も、戦時中の少年の姿をくり返し書いている。古井の場合は、デビュー作以来、東京の七歳の少年の空襲体験が何度も語られることになる。

近作の「子供の行方」は、東日本大震災のあとから戦時中を振り返っている。「遠隔の大震災と大津波に揺すられてから」、昭和二十年の防空壕のなかの「子供」の顔をふと覗きこむような気持ちになることがある。子供とは、七十年近くも前の作者自身である。

空襲の夜、子供は防空壕の底にうずくまって、くり返し寄せてくる爆音に耐えている。焼夷弾や爆弾が大量に落ちてくる音である。とうとう家が焼かれるまで、「一時間ばかりの内に、七歳にして生涯の力を尽してしまったよう」な、ぎりぎりの恐怖に耐える経験があったのである。

空襲の記憶とはまず音の記憶かもしれない。警報が鳴ると、やがて「空が騒がしくな」ってくる。それから、「空襲とはこんなにけたたましいものか、と驚」くような騒ぎになる。爆撃の轟きは実際すさまじい。「迫る音」から身を防ぐすべはまったくない。だが、「切迫が感受の限界を超えかかる時、轟音の只中にあっても、あたりが静まる。」「狂ったような閑静さ」がある。それは「聞こえながらの聾唖感」である。

「子供の行方」の三十年以上前の作品「赤牛」に、同じ空襲の場面がもっとくわしく語られている。子供の「私」は母親と姉に両手を引かれて燃える家をあとにする。大通りまで逃げると、避難者たちが道幅いっぱいにぞろぞろ歩いている。家々の炎上する音がターンターンと空へ昇り、火柱がちこちであがる。そのうち空から爆音が消え、人の流れは動かなくなり、大勢が暗がりに坐りこんで夜明けを待つことになる。

……黒煙に汚れた空が白みはじめた。太陽は日没めいた赤味を帯びて昇った。そして人の影の長く落ちる道路を、いままでどこにつながれていたのか、一頭の赤牛がでかい図体《ずうたい》を弾ませて走り出した。百姓風の男があたふたと後を追いかけた。皆、ようやく吃驚《びっくり》したような顔つきでしげしげと見ていた。くすんだような朝の光の中で、妙に赤っぽい牛だった。

翌日、焼跡の防空壕のなかで見た夢にもその赤牛は現れる。「子供の行方」によれば、道幅いっぱいに走りまわるその牛は、「夢の中では燃えるように赤い背をくねらせて踊りまくり、野太い声をしぼって、吠えるというよりは、唄っていた。」

その後「私」の一家は、八王子をへて美濃の大垣まで逃げていく。その静かな城下町で人々は空襲のことなどほとんど考えていなかったが、「子供」はここも必ず焼かれると思う「物言わぬ予見者」になっていた。そして実際に爆撃がはじまり、子供は焼夷弾に追われて濠端を逃げ、女たち五、六人に囲まれて小さな水場のそばにうずくまる。頭の上には濡れた毛布をかぶっている。重い息が内にこもる。「赤牛」から引く。

……真上から唸りがまた迫った。女たちは水の上へ頭を寄せ合い、太い腰が私の身体を両側からじわじわと締めつけ、苦しさのあまり私が背を伸ばそうとすると、誰かが両手で私の頭を生温く濡れたモンペの膝の上へきつく押えこんだ。

――直撃を受けたら、この子を中にして、もろともに死にましょう。

喉をしぼって叫ぶ女があった。もろともに、とあの耳馴れた凛々《りり》しい言葉がこんなところで、こんなふうに命剥き出しに叫ばれたことを、私は直撃に劣らず恐しく感じた。死にたいする言葉の空しさに、身体から恐怖が一度に溢れ出した。輪から離れて逃げ出したい、足の続くかぎり一人で走りたい、とたったひとつのことを夢見ながら、私は挟みつけられた身体をヒクヒクと動かしていた。

命剥き出しの叫びをあげる女たちの肉体に挟みつけられた子供の記憶は、語り手の身体にずっと残りつづけることになるのである。

「子供の行方」では、いまや七十歳を過ぎた語り手が、七歳の子供の姿にふと見入るような気持ちになっている。子供は大垣から「西の在所」へ再疎開させられるのだが、そのときの「暮れなずむ道をたったひとり、リヤカーのうしろにのせられてひかれて行く子供の姿」がいまも甦る。その姿を「見送ったのが、最後であったような、そんな哀しみをときおり覚える。」「ひとりきりになって行った子を、それこそいつまでも、放っておけるものではない、というような気もしてくる。「黙って手を引いてやらなくてはならない。手を引いて、そこから先はもう一本道になり、その涯までつれて行く」ことを思う。そんな終わり方になっている。

戦時中の少年の姿を振り返り鮮やかに定着させた竹西寛子「兵隊宿」は、前に「なりわい」の章でとりあげたが、九篇から成る連作短篇集『兵隊宿』のなかの他の作品ももう少し拾っておきたい。

「兵隊宿」では、広島の港町の中流家庭の戦時の生活が、いちいち目に見えるように描かれていたが、「流線的」という作品では、同じ一家の古風な生活の秩序が、食事の習慣のくわしい説明をとおして浮かびあがってくる。

まず朝食。毎朝皆が揃ったところで、父親は別居している自分の母親へ電話をかける。「お早うございます。今朝はお変りありませんか。」というていねいなせりふも毎日変わらない。ひさし少年と母親は食卓に正坐して待ち、住み込みの小母さんは家族の食卓とは別の箱膳を前にして坐っている。

その電話の儀式のあと朝食が始まるが、家長たる父親の皿数は常にいちばん多い。父親はパンが嫌いなので、家族も主食にパンを食べることはない。父親は洋服も嫌いで、ほとんど和服で通しているが、着物の着換えのときは、座敷のまんなかにひとり仁王立ちになり、そのまわりを母親がせわしく動きまわって大がかりな着脱の儀式が展開する。おそらく旧士族の家の習慣なのであろう。

ただ、父親は西洋嫌いのようでも、とつぜん西洋式の立派な頑具や大きなチョコレートを買ってきたりするので、「ひとりの父親の中に、西洋嫌いと西洋好きが一緒になっている」というふうにひさし少年は感じる。「兵隊宿」でも、父親が戦時中に西洋の切手のコレクションを大事にしている様子が描かれていた。

少年が育つ堅実な中産階級の環境が静かで明るい。思慮深い両親がつくる家内の秩序は、戦争が激化する前のいっとき、ほとんど安らぎに満ちているようにも見える。親も子供もまことに寡黙で、ことば数が多いのは階層を異にする住み込みの小母さんだけである。

そんな環境で育っていく少年の話を語る語り手は、直接作中に姿を見せることはない。ただ、ひさし少年より少し年上のお姉さんのような人として、この小世界のどこかで少年をじっと見守っているというふうである。少年性のこんな育まれ方をひそかに愛惜する女性の目といったものが感じられてくる。

「蘭」という短い作品には、ひさし少年と父親の二人だけの関係が直接描かれている。父親が親しかった知人の葬儀に六年生のひさしは連れていかれる。葬儀のあと、故人が愛した女の店で水炊きを食べ、ひさしを可愛がってくれた故人の一面を漠然と思うような経験をする。父親と故人は同業の関係だったが、その工場経営の仕事も、戦争が進むにつれ次第に窮屈な、面白くないものになりつつある。

重い心をかかえた父親が、平素着馴れない詰襟の国民服を着て、ひさしと向き合って坐っている帰りの車内の場面。軍港・呉のへんの軍需工場地帯を通るあいだ、重い木のブラインドがすべて下ろされ、「わざと風通しを悪くした部屋でゆるく目隠しをされているような」暑苦しい時間に満員の客が耐えている。

そのなかで、ひさしひとりはしつこい歯痛に耐えているのだが、とうとう我慢できなくなり父親に告げる。父親は「まだ痛むか？」とひとこと言うなり、手にしていた扇子をいきなり引き裂き、その骨を細く裂いて、これを楊子の代わりにしろとひさしに手渡す。その扇は祖父譲りの古いもので、扇面には薄墨で蘭が描かれていた。ひさしは「頭から冷水を浴びせられたよう」になり、「蘭が……」と言ったきり、あとが続かない。……

この小篇には姉のような人の目は現れない。あくまで父親と息子が対座する二人だけの関係が客観視される。そこから、少年が父親と一対一で向き合うようにして育った古い時代が蘇ってくる。

竹西寛子より三十歳ほど若い山田詠美に『晩年の子供』という短篇集がある。八篇の作品はどれも作者自身のような戦後の子供が主人公で、その子供の内側から「私」が語る。『兵隊宿』のように外側から子供を描くのとは逆になる。

たとえば表題作「晩年の子供」の「私」は、おしゃまな十歳の女の子で、自分がとつぜん「晩年」というものに落ちこんでしまったことを知る。たまたま飼犬に手を噛まれ、やがて狂犬病になって半年後には死ぬと思いこんだのである。

以後、幼い「私」は「末期の眼」で世界をとらえ直すことになる。そんな孤独な「晩年」の数カ月ののち、実際は狂犬病などあり得なかったことがわかる。「私は、めまいを感じて、倒れそうになった。今までの苦労は、水の泡となった訳である。私は、母に、晩年を特別視する必要がないことを説明したくて、いさんで墓地から、戻って来たのであるが。私は、体じゅうの力が抜けて行くのを感じていた。」

つまり、幼い「私」の心は半年かけて死というものに馴染んだあげく、死イコール晩年を決して「特別視する必要がない」ことを、何も知らない大人に教えてやりたくてたまらなかったのに、というわけである。

「蝉」という短篇の「私」も小学校四年生。母親が出産のため入院した夏休み、「私」はひとり取り残され、暑い虚無の空間へ放り出されたような孤独にさいなまれている。暑熱は体を侵食し、内側のどこかを腐敗させるようだ。たまたま悪童どもに子供がどこから生まれるかを知らされ、この世のすべてを憎み、呪う気持ちになっている。真夏の盛んな蝉時雨。「私の体は、蝉の鳴き声に縛り付けられているようでした。鳴き声の一本一本が縄のようになり、私の体に巻き付きました。」

「私」を縛りさいなみ孤立させるその「騒音」のもとを知ろうとして、「私」は死んで目の前に落ちてきた蝉の腹を千切ってみる。が、意外にも蝉の腹のなかはただの空無であった。

蝉時雨に情緒を見出せない子供の時代。他の人々は、どのようにして、この季節を乗り越えて行ったのでしょうか。思うに、色々なことが解るようになり、けれども、初恋という他人によって与えられる快楽を知る以前のこの数年が、私にとっての一番不本意な時代だったような気がします。思春期とも違う、反抗期とも言えないこの時期に、私は、本気で色々な事柄を憎んでいたのです。

「桔梗」という短篇の「私」も、七歳にしてすでに思春期の手前まで来てしまっているかのように見える。その年、彼女の前で、見るものすべてが「急に色を変え始め」る。家は県の重要文化財の古い屋敷だが、「私」は土間に小川が流れているその「幽霊屋敷」のすべてが面白くなってきている。庭の緑の豊かさにもとつぜん気づき、思わず「わあ!!」と叫んでしまう。たいへん早熟な少女の話である。

その新しい世界が官能性の光に輝き、祖父が寝ている離れには死の気配が満ちている。隣りの家の出戻り美人が死んで、その死骸が夢のなかの小川を流れていく。紫色の桔梗のようにイメージされた大人の女性である。彼女はかつて小川を流れてくる桔梗の花を拾って、垣根越しに「私」にくれたことがあったのである。

その晩、「私」は夢から覚めて庭へ飛び出すと、女性は死んではいなくて、隣りの庭で彼女と妻子ある男が激しく接吻する場面を目撃することになる。また、別の日の午後には、彼女は縁側で男の肌に唾に濡れた「写し絵」をぺたぺたと貼りつけている。そしてその翌日、彼女がひとり首を吊って死んだことが伝えられる。なかなか咲かなかった庭の桔梗が、いっせいに開花した朝のことである。

はや七歳で官能と死の匂いに満ちた新世界に触れる「桔梗」の「私」だけでなく、どの作品の「私」も、人生の早い時期のそれなりの内面性を与えられている。少女というものがおおむね早熟で、生理的な変化もあって、時に孤独感が深まることがあるからにちがいない。そのわけのわからぬ突然の孤独は、内側から語るしかないものとして振り返られるのである。

老　年

日本文学には昔から老人の話が多い。現代作家の老人ものも少なくないので、本章ではそれを中心にしたいが、まず昔の作家のもので老人の庭づくりの話を二つとりあげておきたい。室生犀星の「生涯の垣根」と結城信一の「落葉亭」である。

室生犀星「生涯の垣根」では、作者自身のような老人の庭に対する執着が、何十年もさかのぼって語られる。はじめて東京・馬込に家を建てたときから、彼は民さんという植木屋と離れられない関係になる。二人は毎日のように会い、一緒に庭をいじる。彼の庭はその後何度も植木を総入れ替えしたりするのだが、その都度一緒に木を探しにいき、理想の庭づくりに精を出す。二人の関係は、「女でもこうはゆくまいと思われるくらい」に相手が好きになるという関係である。庭への執着が、おのずから庭づくりをともにする植木屋への愛着にもなるという話で、そんな関係があり得た時代というものを思わされるのである。

長いあいだにはその関係もこわれるのだが、戦後になって、彼は植木屋の民さんが鉄屑拾いをしているのを知る。彼は十五年ぶりに民さんに植木屋としてのまとまった仕事をさせようと思いつく。それは庭の垣根を彼の生涯の「最後の垣根」にするためにつくり変える仕事であった。長いあいだに彼は、「庭というものも、行きつくところに行きつけば、見たいものは整えられた土と垣根だけ」だと思うようになっていたのである。

「土と垣根」の庭という理想に行きついた彼の思いがくわしく語られる独特の文章を見ておきたい。

……樹木をすくなく石もすくなく、そしてそこによく人間の手と足によって固められ、すこしの窪みのない、何物もまじらない青みのある土だけが、自然の胸のようにのびのびと横わっている、それが見たいのだ、ほんの少しの傷にも土をあてがって埋め、小砂利や、ささくれを抜いて、彼は庭土をみがいていた、そして百坪のあふるる土のかなたに見るものはただ垣根だけなのだ、垣根が床の間になり掛物になり屛風になる、そこまで展げられた土のうえには何も見えない、彼は土を平手でたたいて見て、ぺたぺたした親しい肉体的な音のするのを愛した。土はしめってはいるが、手の平をよごすようなことはない、そしてこれらの土のどの部分にも、何等かの手入れによって、彼の指さきにふれない土はなかった。土はたたかれ握り返され、あたたかに取り交ぜられて三十年も、彼の手をくぐりぬけて齢を取っていた。人間の手にふれない土はすさんできめが粗いが、人の手にふれるごとに土はきめをこまかくするし、そしてつやをふくんで美しく練れて来るのだ。

結城信一「落葉亭」は、妻を失った六十歳の加山が、息子と娘が家を出たあとの寂蓼の思いから庭づくりをはじめる。犀星の作品とは違い、「庭造りといっても、それに徹し切るほどの、堅い信念も厳しい執着もない」という男の話である。

だが、そうはいっても、加山の庭づくりは思いのほか大がかりなものになってくる。植木屋や石屋が、あちこちでいい石や植木を見つけて運びこむからである。人の家にあった庭木や飛び石などが運びこまれてみると、それらは皆死んだ人が生前親しんだものなので、死者の気配が集まってくるようである。《……あの飛石から聞えてくる音と、それらの樹木から鳴ってくる音とが、この庭で交ざりあうわけだ。死者たちに親しまれたものが、この庭に集って、わたしを慰めるというわけだ……》と加山は思う。

八十枚もの飛石は、戦災で焼けた豪邸の庭から掘り出されたものだったが、その邸では女が五人、空襲で焼け死んだのだという。加山の静かな暮らしのなかに、その五人の女たちの足音が聞こえるようになる。夜更けには、白地の着物姿の娘がひとり、飛石を渡って加山の部屋近くまで来、「ゆっくりと滑るように戻ってゆく。瞭らかに加山を誘いにきた様子である。」

老いた加山を包む濃い死の影と女の色香と。……娘は深夜「頻繁にその姿を見せ、加山は誘われるように庭におりてゆく。」夢とうつつと、そして「狂気と正気とが、今は同質に思えてくる。」

七十歳の男のそんな老境を語った小説だが、犀星の小説と同様、こちらも出てくる植木屋や石屋が面白い。いまではこんな人たちを家の近所で見かける、ということはまずないであろう。石屋は秩父の山奥から五百貫もの青石を掘り出してきて、加山の庭の中心に据える。石屋は見るからに亢《たかぶ》った様子である。

水を浴びた石は、たちまち滑らかな肌から、鮮烈な濃い蒼《あお》を滲ませてきた。……加山の眼に、遠い海がひろがった。

石屋はほんのりと眼をうるませて、加山に顔をすりよせ、

「その耳で、石に触ってごらんなさいよ。山奥の谷川のせせらぎが聞えてきますぜ」

「そうだろうな。わたしが死んだあとも、その谷の音がなお聞えてくるといいがね」

加山は濡れた石の肌を撫でていたが、石屋の細い眼から雫《しずく》が一つ、ぽとりと落ちた。

「この石が見たくなったら、また来ます。裏口から、ちょいとばかり覗かせてくださいよね」

それから五年ほどで植木屋が死ぬ。青石を見にくるといった石屋も現れず、一緒に働いていた石屋の息子の代わりに、現在やや疎遠な自分の息子が現れる、という終わり方になっている。

現代作家の老人小説は、定年後の男の話など、まだまだ元気な若い老年について語られることになる。黒井千次「散歩道」は、退職後毎日夕暮れの散歩に出る男の話で、彼は勤めに出ていたときとは逆方向の道を「自由への道」と呼んでいたが、足が伸びるにつれ、それが「幻の道」に

変わってくる。

彼はある雨の日、茂り放題の木々に埋もれた古い家々の一郭に入りこむ。一軒の窓から白髪の老人たちが夕食を始める様子が見える。老婆が出てきて、一緒に食べないかと誘ってくれるが、彼はうろたえて逃げ出す。「幻の道」の奥に現れた不思議な老人たちの家が怖ろしかったのである。だが、彼はそれを拒みながらも、同時にそこへ引き寄せられるものを感じる。十日ほどした雨の日、彼は再びそこへ行ってみる。同じ老婆が出てきて、彼は四人の老人たちのなかへ招き入れられる。老人たちにとって彼はまだ「若いお客様」なのである。

老婆は「お庭の風味つきの」「デボン風のスコーン」をたくさん焼いて出してくれる。皆一緒に黒みがかった「落葉」のお茶を飲む。スコーンには蕗とどくだみが入っている。お茶は主に柿の落葉を煎じたものである。「少しの間、スコーンを噛む音と茶を啜る重い音だけが部屋に漂った。」

そのうち、老人たちはふと窓の外に目を向け、首を揃えて外を凝視しはじめる。生垣沿いの狭い坂道をひとりの男が黒い傘を傾けながら登ってくるのが見える。ちょうど主人公がそこへ来たときと同じ姿である。彼は自分自身が外を歩いているのを見るような心地になる。老人たちは彼の毎日の散歩を知っていて、「ああして暮している人もいる」「気の毒なかたよね」とつぶやく。そのあげく、「今夜は泊っていらしたら?」と誘われるに及んで、彼はあわててそこから飛び出してくるのである。

その家の奇妙な空気が印象的で、それは半ば彼の夢の世界のようでもあり、また彼を待ち受ける老後の現実世界のようでもある。彼はそこから逃げて、自宅の濡れたブロック塀のところまで帰り着く。すると、夕方の買い物に出る彼の妻の茶色い傘がひょいと出てきて、駅のほうへ遠ざかっていく。彼は妻のいる日常の現実にあらためて着地しなおしたことになる。

村田喜代子「望潮《しおまねき》」は、玄界灘の簑島という小島の老婆たちの話である。彼女らは「ほとんどエビみたいにつの字に曲がった腰。つの字の先っちょに小さい頭が乗っていて、つの字の下に二本の短い足がついている。」という蟹のような姿で、手製の箱車をゴロゴロ押して海辺の車道へ出てくる。老婆たちはじつは「車の当たり屋」なのである。「なるべく補償金の沢山出そうな車を狙う。自分たち島民の車や漁港のトラックは避けて、町役場の公用車だとか、銀行、郵便局、それに島へくる観光客の乗ったタクシーやレンタカーを標的にする。」

喜寿のお祝いの会でその話をするのは高校の恩師である。先生は島で乗ったタクシーの運転手のこんなことばもつけ加える。「あの年寄りの中には、うちのお袋も混じっとるんです。」「止めても止まらんのですよ。毎日朝飯を食うといそいそと家を出て行くんで、まるで仕事のようじゃと女房が嘆いとります。本島の高校へ行っとる倅に、卒業して就職したら婆ちゃんが車を買うてやる、姉娘には成人式の晴れ着を買うてやると言うとるですよ。まさか家の戸に鍵かけて閉じこめておくこともできません。それで運転しとっても、自分の親を轢きそうで気が気でないです」

島は春のワカメ刈りの最中だったが、老婆たちはたぶん元海女で、歳はとっても頑健でなかなか死ねない。俳句の吟行のため島へ渡った先生は、その旅をこんなふうに憶えている。

翌朝は帰る日で、ぼくらは午前十時の船に乗るため桟橋へ向かった。その朝も海沿いの道には、車を狙う婆さんたちが大勢出ていた。浜をのぞんだ明るい町道だった。やはり道の脇にはワカメの黒髪が生きものみたいにうねっていた。海の精気がギラギラと発散していた。

あのワカメと婆さんたちの姿のある風景は、どういうのかな、海草のなまなましい精気と年寄りの枯れ果てた老残とがあまりに対照的で、なんだか眼にもむごたらしい眺めだったような気がする。ワカメは婆さんたちの若い日の黒髪のようで、まるで過去の思い出の中を彼女たちは歩いて行くんだな。というよりも婆さんたちの行進の背景に、黒髪の記憶が不可思議な絵のように流れていった。

行き交う車は彼女たちを轢かないように、牛の列みたいにのろのろ進む。車のあいだを箱車の婆さんたちは亡者みたいに蹌踉と横切って行く。異様な光景だね。箱車によろめく体を預け、平べったくてひしゃげた恰好で行くんだよ。

先生の吟行の旅の十年後、教え子の増川恭子が島を見に行ったことを電話で知らせてくる。彼女は蟹のような当たり屋のお婆さんは一人も見なかったという。車を走らせても「見渡す限り海と浜とワカメだけ」で、「人間どころか猫の子一匹にも会わ」ず、十年前に先生が見たものはきれいさっぱり消えてしまっていた。人に聞いても何もわからなかったが、島の人たちは過去の島の「恥」を隠しているようでもあったという。

増川恭子は朝早く浜へ出てひとりの老婆と出会う。老婆は海女だった若いころのことを話しだす。「もともと簑島では、亭主を養えぬようでは一人前の海女でねえと言うたもんやね。亭主を食わせて子供も食わせて舅に姑も食わせてな、それでやっと簑島の海女ということよね」

恭子はその話を聞いて、「一家を養った海女が年とって今度は養われる身になる。命と引き替えに孫に車や晴れ着を買ってやろうとする、あの箱車の当たり屋のお婆さんたちの姿」が目の前の老婆と重なるように思う。岩に並んで腰掛けて朝日を見ている老婆はまったく小さい。「横を見てもお婆さんの首はないんです。小さいからずっと下のほう、わたしの胸のもっと下に、それも腰が曲がってるため前のほうに彼女の首は突き出ています。海に向いて、歯のない口で屈託ない顔でした。」

彼女は老婆と別れてから、小蟹のシオマネキがたくさん海からあがってきているのに気がつく。「砂浜一面に透きとおる針みたいなものが、チカリ、チカリと動いている」のである。

「……先生。砂浜一面の夥しい数のカニが、チカリ、チカリと海へ向いてハサミを打ち振っていたんです。まるで海恋いの、潮恋いの儀式のようでした。わたしは胸が一杯になりました。ああ、彼女たちはここにいるじゃないか、と……。浜はもうかげろうのように燃えていました」

先生の見た十年前の光景と十年後の島の空虚と元海女の老婆の姿と、そして浜一面のシオマネキ。鮮明なイメージを重ねて忘れがたい印象を与える一篇になっている。

近年老人の介護が問題になることが多い。老いの期間が長くなり、したがってその子供も年をとり、いわゆる老々介護ということになるのも、いまでは少しも珍しくないにちがいない。佐江衆一「凪の舟」では、息子はとっくに還暦を過ぎ、父親は九十七歳になっている。佐江氏はその老々介護の現実を長篇「黄落」に生々しく描いたが、「凪の舟」はその短篇版としてきっちり仕上がっている。

母親が八十八歳で亡くなったあと、一周忌もすまぬうちに、施設で識りあった俳句仲間の八十余歳の老婆と恋に落ちたという父親である。施設でも家でも、人を喰ったように、したたかな生命力を見せつけている。それでいて、耳は聞こえず目は見えず、紙オムツから小便のしずくをしたたらせて歩きまわる。

息子の「私」はその父をひそかに「老怪さん」と呼んでいる。が、九十八歳に近づくうちに父親の衰えは深まっていく。「ようやく死んでくれる。」「四月二十日の誕生日がくれば父は満九十八歳。八重桜も満開になるその誕生日は迎えさせてやりたいが、そのあとは、もういいではないか……。」

父親の老後を十年以上見守ってきた「私」の思いである。特に母親が亡くなってからの六年ほど、「私」は父親のしもの世話を引き受けて奮闘してきた。その苦労たるやなまなかのものではなく、これは修業だと思い定めていても、「老父と共に自然《じねん》に生きる」などということは容易にできるものではない。

（ああ、早く死んでくれないか）

私の心の暗闇に棲む鬼が呻《うめ》いているのだ。父は私の手を払いのけようとしたり、肉のこけた股《もも》を片寄せて股倉《またぐら》を隠そうとしたりすることがある。父にすれば恥ずかしく、六十を過ぎた息子にこのようにされるまで生き長らえている自分が情なく、悲しく、辛《つら》いのだ。私も長生きすればこうなるだろう自分に対しているようで、抑えようのない嫌悪と怒りが膨れあがり、自身へするように手荒になってしまう。なぜ、こんなにまでされて生きているのだ。その父が哀れでもあり、できることならいっそ、私の手で冥土《めいど》へ送ってやりたい。

母親を介護したときは違っていた。「そこはかとない悦びと時に涼やかな微風を感じ」ることもできた。が、年をとった男同士の介護というものは「悦びもなく昂揚もおぼえず、空しい風の吹く、水枯れした荒野を感じるだけであ」り、ただ「同行二人、朽木の杖にすがって喘《あえ》ぎ喘ぎ歩く」といったことにしかならない。

「風の舟」という作品全体のつくりは、釈尊降誕日の花祭の朝亡くなった父親への「私」のあらたな思いで包みこむかたちになっている。「私」は仄暗い路地を歩く亡父を追っていく夢のなかにいる。父親は昔営んでいた路地の質屋へ入り、帳場のカウンターに坐る。だが、彼の前には質草《しちぐさ》の品物ではなく、現代の老人在宅介護支援センターの給食やカップラーメンが置いてある。「私」は迷子になった子供の弾んだ声で「父さん、ここにいたんだね」と叫ぶ。

亡父が帰り着いたのは、昭和二十年の敗戦直前の東京下町である。三月十日の大空襲の際、父は脚のゲートルをほどいて下水にたらし、汚水をすすりながら猛火に耐えて生き残った。あの空襲で焼かれる前の質店へ、父はいつしか舞い戻っている。その父を追う「私」は、当時学童集団疎開にやられていた国民学校六年生の少年である。

亡父の夢には空襲のサイレンや燃える街の赤い空などが重なるのだが、その上に仏生会の花祭りの朝、咲きほこっていた山桜が重ねられる。息子の心は、やがて父の姿に「恋人」の車椅子の老婆を寄り添わせる。「紺絣《こんがすり》の着物を仕立てなおした筒袖とモンペを身につけた八十余歳の老婆が、肩から雑嚢をさげ、防空頭巾を半ばぬいだ白髪頭を、鉄兜をかぶった国民服の父の肩にそっと凭せている。二人は寄りそって、庭に爛漫と咲く老樹の桜を眺めているのであった。」だが、その老婆は同時に母であったかもしれない、ともされるのである。

このような父親の介護の話に対して、息子が母親の老後と向きあう話になると、だいぶ趣きが違ってくる。坂上弘「台所」の母親は、父親の死後三カ月生きただけで「細木が折れるように」亡くなるのだが、その三カ月のあいだ息子が家へかよって世話を焼く。かつて「私」は大学へ入った年に家を出て女性と同棲し、「それきり不肖の生活をきめこんできた」。つまり、母親と一緒に長くは暮らさなかった息子が、母親の最後の三カ月を自分のやり方で十分いつくしむために家へかようという話になっている。

母親は田舎の裕福な家で育ち、女中が四人いて何でもしてくれたので、結婚後も口うるさい夫に頼りきるようにして六十年間生きてきた。いまや足腰を痛め、台所の椅子に坐ってほとんど動かない毎日を過ごしている。会社勤めの息子は、退社後スーパーでいろいろと食べものを買って母のもとへかよう。そして母のいる台所で夕食の支度をする。毎日母に何を食べさせるか考えるのが楽しみにもなっている。「その材料選びに、つい買い過ぎてしまう楽しさがあるのは、待っている母に喜んでもらうというよりは、持って行って料理する台所が、この世から取り残されたような、ひっそりした二人きりの空間であるのを思い描いているからだ。」「もともと、私の料理をする気持は、昔の、とくに戦後の台所に何もない時代、母に手伝わされていた時間をたどってみているようなものだ。」

父親亡きあとの、老いた母と初老の息子の二人だけの親しさが、独特な姿で浮かびあがる小説である。その独特さは、作者が長年にわたって練磨してきた私小説の文章の独特さでもある。親子関係が多分に奇妙に、また生々しく見えるのも、ひとえにその文章によるといえるのである。

息子の「私」は、少し前から「そろそろ母親の躰を一度触らせてもらおうと思」うようになっている。「むしろだれにも知られずに彼女と二人だけになって、躰を洗ってやったりしながら、自分が彼女から生まれてきたということを確かめておきたい。」そんな思いから、息子はある日母親と一緒に風呂場へ入りこむ。

息子は思わず、「開けておきなさい」と、自分の目の前で裸になるように言うが、母親はまた慌ててガラス戸を閉める。「そんなこと言ったって、お前」と言って、息子から見ればいつ転ぶかわからないような姿勢で下着をとり、つかまりながら湯舟に行くまでの間は、息子の目に触れさせないようにする。そればかりではない。母親は、自分の着ていた下着をバケツに湯を汲み出して浸けたりする。

やっと湯舟の中に躰を入れたところを見計らって、私はガラス戸を開けた。そして母の姿を盗み見しながらバケツの中につけてある下着を洗濯してやろうとする。「そんなことしなくていいよ。一晩つけておけば自然に汚れが落ちるから」と必死でとめる。しかし、私は耳をかさずに、下着の汚れに石けんをつけ手もみを始める。そんなことをしてもとても落ちてくれる汚れではないが、清潔なものにかわっていくことにはかわりない。

それから、湯舟に揺れているように身を横たえている母の肩に湯をかけてみる。ひどく恥かしがっているがどうしてだろう。二人以外にだれも見ている者はいない。「だれも」というのは、他にだれもということだ。「とすると、おれは他の人なんだな」こう思わせる母親の気配もおもしろかった。

母親という人の亡父との関係は、性格が反対で噛みあわないのに依存的でもあったようで、「叱言が口癖の夫が蠟燭の火が吹き消されるように去ったので、永の契りにお礼を言う暇もなかった」と母親は語り、やがて自分もすぐあとを追うことになった。あたかも「二人が約束をして逝った」というようだった。「私」は母の人生の最後に強い愛着の心をあらわしてそれが独特なのだが、別の短篇「田舎うどん」でも母親の死が語られている。それによると、「私」は葬式のとき、「導師を勤めているお坊さんに、『母親にもう一度会いたいのだが、何とか方法はないのだろうか』と常識でないことを訊いた。」というのである。息子の愛着の思いがそこまで行くという話であろう。

この作品の後半、いわゆる天然ボケといってもいい可愛気のある老女の姿が浮かびあがるが、息子の「私」がそういう母親に好んで手をかけている様子は、もしかして亡父とそっくりなのではないかと思えてくるのである。


最後に英国の作品を二つ。どちらも淡々と写実的に語りながら鮮やかな印象を与える。女流作家ノラ・ロフツ（一九〇四～八三）の「老いの坂道」は、イングランドの田舎のジョージ王朝風の邸宅に住むクレイトン夫人とメイドのサラの話で、二人は同じ屋敷で暮らしてすでに四十年。どちらも六十代になっている。夫亡きあとも優雅に体面を保ってきたクレイトン夫人は、いまでは稀少な「立派な本職の召使い」であるサラがいることで人に羨まれる立場である。

だが、美しい大邸宅も、実際は維持が大変なうえ不便で暮らしにくく、すでに建物の半分は閉めきってある。家の財政事情は次第に困難をきわめ、サラに支払ってきた給料さえもう払えなくなっている。屋敷を売ってもいくらにもならず、引越すこともできそうにない。

英国のブルジョア社会がまだ豊かだった四十年前、「クレイトン夫人は花嫁として夫に抱きかかえられて表玄関から屋敷にはいり、いっぽう、サラは柳枝細工の大きな手提げバッグをかかえて裏口からはいった」のだが、しかしその主従の関係は、サラにとって決して悪いものではなかった。六十を過ぎてリタイアするにしても、すでに身寄りがなく、「一人暮らしは寂しいし、気心の知れたクレイトン夫人のもとを去るのも、心底いやだ」と思うようになっている。

その後サラが給料を辞退し、いままでどおり二人で暮らすことにするが、そこから両者の関係が変わってくる。これまでお金が支えていた主従の関係が崩れはじめるのである。

二人を隔てる距離がなくなるとどうなるかが具体的に語られていく。ある日食堂のストーブが使えなくなり、寒いので台所わきのサラの部屋で食事をともにすることになるが、そこではっきりしてしまうのは二人の育ちの違い、つまりマナーや趣味の違いといった些細なことで、たとえばサラが単純に面白がるラジオの娯楽番組がクレイトン夫人には耐えられない。火がさかんにおこっていて温かい小さな使用人部屋には猫やカナリアがいて楽しげだが、それが夫人にとって居心地のよい場所には決してならないのだ。

距離がなくなると、いままで見ずにすんでいたものをいちいち見なければならなくなる。相手が病気になれば、クレイトン夫人がサラの世話を焼くというふうに立場が逆転してしまう。サラが隣室で寝るようになると、彼女の猛烈ないびきに悩まされなければならない。「あっちで少し、こっちで少しとサラはだんだんとクレイトン夫人の領分を侵略してくるのだが、夫人のほうはいっとき空しい抵抗を試みるだけでつぎつぎと妥協してしまう。」とはいえ、妥協しても二人がうまくいくということにはならない。二人が居心地よく過ごすというただそれだけのことが何ともむつかしい。逆に、お互いがどうしようもなく別々で、対立的でさえあることが際立ってしまう。

居心地のよさ、これがキーワードだった。ただ、居心地よくしていたい、というのがサラの希望なのだ。そこには何の害もないではないか。ここに老人が二人いて、同じ屋根の下に暮らし、また乏しい資材を共有しているのだ。一緒に火に当たってともに居心地よくしていればいいじゃないか。でも……、とクレイトン夫人は思い直す。わたしにはそれはどうしてもできない。わたしがあんな風に同じ部屋で一緒に暮らせる相手となると、それは数えるほどしかいない。そしてサラは、どうあってもそのメンバーにははいらない。じゃ、ほかにどうすればいいの？

指輪と真珠を売って、もう一度サラに給金を払う、という案もいっとき考えてはみた。しかし、彼女もそれがうまくゆくと信ずるほど愚かではなかった。そんなことをほのめかせばサラを侮辱することになろうし、彼女の気持ちをひどく傷つけることにもなろう。彼女はなにかこちらに危害を加えたなどというわけではないのだ。これ以上はないような好都合なやり方で職を退き、今は、自分も居心地よくしていたいし、クレイトン夫人にもやはり快適な暮らしをしていて欲しい、それだけのことではないか。ただ、そこに彼女なりの条件、彼女なりの流儀がある。そして、彼女は頑固で、容赦なく、かつ無神経だから、その流儀を押し通してつねに勝つ。こんなサラだから、もし彼女を憎もうと思えばそれはおそろしいほど簡単なことだろう、とクレイトン夫人は今さらのように気がついた。むろん、そういうことも、また、あってはならないことだった。

夫人は結局、近くの老人ホームへひとりで入ろうと思い立つ。一方、サラのほうも同様に、「もしクレイトン夫人を憎もうと思えば、それはおそろしいほど簡単なことだろう、と今さらのように気がつ」く。そして、彼女は彼女で老人ホームへ申し込むための手紙を書きはじめるのである。

この小説は、二人の手紙を同時に受けとった老人ホーム院長の思いが最後につけ加えられ、それがオチになっている。

まあ、なんてすてきなお話しなんでしょう。心底、ほろりとさせられるわねえ。理想家肌の民主主義者である婦人院長は、二通の手紙を並べて置きながらそう思った。何年となく一緒にやってきた女主人とメイドが、今度は老いの坂道を一緒に下りましょうと言っているのだった。院長は親切心を見せてこう決めた。できれば、お二人には隣どうしの部屋を用意してあげて、それから、お食事のときは同じテーブルになるようにしましょうね。（野崎嘉信訳）

これは一時代前の英国小説らしく、「老年」を扱って階級の問題が如実に浮かびあがる話になっているが、ウィリアム・トレヴァー（一九二八〜）の「欠損家庭」の場合は、もっと現代的庶民的な社会現象が描かれている。

八十七歳のミセス・マルビーのところへ見知らぬ学校教師が訪ねてくる。世代間の相互理解を深めるのが目的で、公立総合中学の生徒たちに台所のペンキ塗りをさせてくれないかという。無料奉仕である。ミセス・マルビーにはまずそのことの意味がわからない。台所はきれいにしてあり、ペンキを塗り直す必要がないし、教師は「社会の人間関係の実験」なのだというが、なぜそんなことをしなければならないのかわからない。一人の教師が現れたことで、ひとり暮らしの老女の静かな日常が、わけのわからぬ不条理の世界に変わってしまうさまが語られていく。

数日後、中学生男女四人がやってくる。教師の話によると「欠損家庭」の子供たちで、ことばもマナーもひどく乱れている。ミセス・マルビーははっきり断わらずに、壁を洗うだけにしてほしいと頼むが、絶えず落着きのない彼らには話が通じない。そのうち、勝手に台所じゅうの壁に毒々しい黄色のペンキを塗られてしまう。カーペットもペンキのしみだらけになっている。子供たちはトランジスター・ラジオの音楽をガンガン鳴らしながら、人の話も聞かずに陽気に作業を進めてしまうのである。

……この数時間のことが何から何まで夢のように思えた。テレビで見たいろいろな劇のような気もした。とにかく現実とは思えなかった。スポンジを洗面台の下の棚に置いて浴室で一息ついていると、ミセス・マルビーは、よく夢の中でそこに立っている自分みたいな気がした。(略)夢の中ならば、次に何が起こっても不思議はない。とつぜん四十年若返って、エリックとロイ(戦死した息子たち)が生きていてもおかしくはなかった。もっと若返って、ラムジー医師《せんせい》にご妊娠ですと言われているところでもいい。テレビ劇ならばまた違うだろう。この家へやってきた子供たちに殺されることだってある。いま、現実の彼女が望んでいるのは、台所がまたきれいに片づいて、壁のペンキも彼女が拭いたカーペットのようにきれいに拭きとられ、誤解がとける、ということだった。ほんの一瞬、自分が台所で子どもたちに紅茶をいれてやりながら、いいのよ、と言っている場面を彼女は想像した。それどころか、このくらい長生きしていればどんなことにも慣れてしまうものよと言っているところさえ想像した。

結局ミセス・マルビーはショックと怒りでへとへとになり、ラジオのうるさい音楽にも耐えられず、二階の寝室へ逃げこもうとする。が、そこのベッドにはすでに男の子と女の子が入りこんでいた。なぜか鳥籠のインコが放たれて、二羽がベッドの上を飛びまわっている。

居間に戻って、ミセス・マルビーは泣いた。インコを籠にもどすと、窓際の肘掛け椅子にすわってアグネス・ストリートを眺めた。やわらかな日差しも、いつものように暖かくはなかった。泣いたのは、少年と少女がベッドにいるところを見たショックのせいだった。その光景は心に焼きついていた。床には艶のない皮でできた、少年のどさっとした黒いブーツがころがっていた。少女の靴は緑色で、ものすごく高いヒールと底が上を向いていた。少女の下着は紫色で少年のはうすよごれていた。寝室には汗のいやな臭いがこもっていた。

じっと坐っていると、ミセス・マルビーは頭が痛くなってきた。ハンカチを目と頬にあてて、彼女は涙を拭った。アグネス・ストリートを人びとが自転車で通っていた。昼食に家へ帰るワニス工場の若い女工たち。煉瓦工場から帰って行く男たち。ねぎやキャベツを籠に入れて八百屋から出てくる人がいる。紙袋をかかえた客もいる。アグネス・ストリートのこういう人たちを眺めていると、頭痛は激しくなってきたのに元気が出てきた。彼女はさっきよりも落ちついて、しっかりしてきた。

窓から見えるのは、英国の庶民の街の日常の眺めである。ミセス・マルビーが家族をなくしてひとり生きつづける現実世界である。彼女の心は悪夢の世界からそこへ戻ってくる。家の階下では亡夫が長いこと青果店を営み、いまではそのあとをユダヤ人のキング氏が継いでいて、日ごろミセス・マルビーのことも気づかってくれている。そこへ助けを求めて行くしかない。

話を聞いたキング氏は台所へ駆けこみ、子供たちをどやしつけ、ペンキ塗りを指揮してできるだけきれいに完成させるところまでもっていく。

善意のキング氏は子供たち相手に二時間も奮闘したあと、彼の妻ともどもその結果にともかくも満足の様子である。「なかなかいいわよ」とキング氏の妻はいう。「お台所、ずいぶん明るくなったわ」。だがミセス・マルビーは、以前の上品な色あいを無視して、けばけばしい黄色と濃紺に塗り直された台所など、いまさら受け入れようもない思いだ。もとの台所には彼女の半世紀以上にわたる人生が染みこんでいたのだし、そこで静かに生涯を終えることだけを希んでいたのだから。

総合中学の教師が呼び出されてやってくる。彼は現場を見ても、家がひどいことになったとは少しも思わない。八十七歳の老女が、乱暴な子供たちに家じゅうを引っかきまわされて、「死にそうな目に会った」などと想像することもできない。ミセス・マルビーはもはや黙りこむしかない。

何も言ってはいけない、とミセス・マルビーは考えていた。キング夫婦がいるあいだは何も言ってはいけないと思っていたし、今もまだいけない、と思っていた。台所のもとの色は自分で選んだ色なんですよ、と彼女はキング夫婦に言ってやりたかった。いまカーペットをこすっている男には、カーペットは元どおりにはなりませんよと文句を言ってやりたかった。だが、ミセス・マルビーは何も言わずに、男を見ていた。厄介な婆さんだとは思われたくなかった。キング夫婦にしても、子供たちを中へ入れてペンキを塗らせてしまったあげく騒ぎをおこすとは、厄介な人だと考えかねなかった。厄介者にされたらさいご、教師とキング夫婦はいつのまにか味方同士になってしまうだろう。牧師のブッシュさんだって何となくそっちの側についてしまいそうだし、ティングルさんも、グロウブさんやハルバートさんにしたって同じことになりかねない。この人たちは口をそろえて、この出来事はミセス・マルビーの老化現象のせいだ、子供たちに台所へペンキを持ちこませれば塗るにきまっていることもわからなかったのだ、と言うだろう。

（小野寺健訳）

中学の教師もまた善意の人にはちがいない。そんな人物のひとりよがりな無神経さが話の最後にはっきりさせられる。彼はノラ・ロフツ「老いの坂道」の「理想家肌の民主主義者」である老人ホームの院長に似て、「社会の人間関係について、明るい声で話」しつづける。自分は世の中をよくしようと努力しているのだ、欠損家庭の子供たちを理解してやらなくちゃいけない、と問題児の多い学校の教師らしくくり返し語るばかりだ。

ミセス・マルビーはその子供たちと話が通じなかったが、明るい声の教師とも少しも噛みあわないまま、「ただ万感の思いをこめてさよならを言う」ことしかできない。そのうえ「すみませんでした」とさえ言ってしまう。彼女は人からボケたとか厄介だとか思われて老人ホームへ送りこまれるのを何より怖れているが、その判断をするのは自分ではなく他人なのだとよくわかっているからである。福祉社会の老年の孤独とその不安な現実感を巧みに描いた好短篇だといえる。

あとがき

短篇小説をていねいに読んでみる。文章の一行一行をたどりながら、いろんなものが見えてくるにちがいない。読みようによっては、小説の細部が豊かにふくらむ。作品のうつわが小さいので小説のつくりがよくわかり、語り方のよしあしも判断できて、いかに書くべきかを考えさせられる。

小説創作の教室でも、短篇小説を読みながら考えるのがいちばんいいので、私は長いことそのやり方を通してきた。大学のほか、池袋コミュニティ・カレッジと朝日カルチャーセンター新宿教室で、毎回内外の短篇小説をアト・ランダムに読んできた。本書は、池袋の教室の同人誌『湧水』に一九九五年から二〇一四年まで二十年間連載し、そのあと少々書き加えたものである。

「書くために読む」とは、要するに、小説を書く人間が作者とほぼ同じ場所に立って読むことを意味している。いわば作者同士の関係をつくり、そこから得られるものを得ようとする。第三者としての批評家的読者が読みとるのとは少し違うものが見えてくる。それが自分の創作のために役に立つ。

各作品の紹介は、作品の読みどころがよくわかるように引用文を長めにした。そこがいちばんいい箇所なので、そこをていねいに読めば、それがどんな作品か大よそわかる、というふうにしたかった。そこだけで作者の着眼やことばのつかい方や語り方がわかり、それらを間違いなく受けとめて親しんでもらえればと思った。

特にことばのつかい方を注意深く見て、わかってくることがあるはずだ。たとえば、肉親について、夫婦について語るのに、この世代の作家たちは共通してこんなことばをつかっている、と新鮮に思えることがあるのではないか。そこからあらたな理解がふくらみ、時代を超えた共感の思いも生まれて、自分も似たことばのつかい方をしてみたくなるかもしれない。

とりあげた作品は、現代小説ばかりでなく、明治大正のものも含まれている。新しいものと古いものが混ぜてあるが、「材料別に」ということで同じ材料のものを並べてみると、やがて時代の違いはほとんど見えなくなってくるのが面白い。たとえば肉親なり夫婦なりについて、ことばのつかい方は多少違っても、結局いつの時代も同じようなことが語られているのがわかる。古くさくなったものは除いたせいもあるが、同じ材料のものを並べると、皆不思議にいま書かれたもののように見えてくるところがある。

そしてそのことは、外国の作品と並べてみてもいえる。外国と日本のあいだの距離が時にほとんど見えなくなる。社会がずいぶん違う国の作家も、同じ材料ならやはり同じようなことを書いているのである。作風が前衛的であってもなくても同じである。

その点に興味を感じて、自分の創作に生かすということも考えられるにちがいない。それは時代の違いや文化の違いを面白がるのとはまた違った読み方だということになろう。

必ずしも小説を書くつもりはなくても、近代の小説をひととおり見渡してその面白さを知ろうとするなら、本書はそれに応えるものにもなっているはずだ。短篇小説をつうじて、日本の近代文学の歴史に思いをはせる機会にもなるだろうと思う。その際、外国の作品が適宜スパイスのようにきいてくるとしたら面白いにちがいない。

ともあれ、いまの時代の読書があわただしいものになりがちだとすれば、それを少し切り替えて、短いものをていねいに読む機会をつくってほしいと思う。本書に引用された文章をじっくり読むだけでも、ふだんとは違う経験が得られるかもしれない。それがあらたに「書くこと」へとつながる。本書がそんなふうに使われれば幸いだと思っている。

二〇一五年六月

尾高　修也

尾高　修也（おだか・しゅうや）

1937年東京生まれ。早稲田大学政経学部卒業。小説「危うい歳月」で文藝賞受賞。元日本大学芸術学部文芸学科教授。著書に『恋人の樹』『塔の子』（ともに河出書房新社）『青年期　谷崎潤一郎論』『壮年期　谷崎潤一郎論』『近代文学以後　「内向の世代」から見た村上春樹』（ともに作品社）『新人を読む　10年の小説1990-2000』（国書刊行会）『小説　書くために読む』『現代・西遊日乗Ⅰ～Ⅳ』（ともに美巧社）『必携　小説の作法』『尾高修也初期作品Ⅰ～Ⅲ』（ともにファーストワン）などがある。

書くために読む　短篇小説

平成二十七年　八月　二十四日　印刷
平成二十七年　八月　二十八日　発行

著　者　尾　高　修　也
発行者　大　春　健　一
発行所　株式会社　ファーストワン
東京都千代田区内神田一の一八の一一
東京ロイヤルプラザ　三一五号室
電話　〇三―三五一八―二八一一
郵便番号　一〇一―〇〇四七

印刷・製本　石塚印刷株式会社

定価はカバーに表示
乱丁・落丁本はお取り替えいたします。

ISBN978-4-9906232-7-2 C0095

冊数 1冊

書くために読む短篇小説

ファーストワン

尾高修也

B070812264B

ISBN978-4-9906232-7-2 C0095 ¥2000E
1872803000146
／地方・小出版流

本体　2000円

受注No.122264
受注日25年07月08日

2001134　*